Rulebook 11

すぐわかる
少年野球
ルール

審判・スコアの付け方

NPO法人
Umpire Development Corporation
監修

池田書店

この本の使い方

この一冊で野球のルールがすべてわかる!

野球は子どもから大人までが楽しめるスポーツ。しかし攻守にわかれた18人以上の選手が参加するため、決まりごとやプレーに関するルールがたくさんある。本書は、少年野球のルールをベースに、使用頻度が高い158の試合規則や審判の決まり、スコアの付け方などを紹介。グラウンドの規格や用具にはじまり、試合の進行・プレーについてなど、あらゆる場面を想定したルールの解説をしている。審判の仕方をレクチャーするページもあるので、「お父さん審判」もこの一冊があれば安心。巻末のスコアブックの記入法をマスターすれば、野球の面白さや奥深さをより一層、理解できる。

少年野球を基本としたルールを解説。

■ 本書の流れ

PART 1	試合の進行と審判の役割
	試合の進め方と審判ジャッジの仕方をマスターする

PART 2	バッテリーの基本ルール
	「投げる」「捕る」バッテリーに関わるルールを知る

PART 3	バッターの基本ルール
	攻撃側のバッターに関するルールを学ぶ

PART 4	ランナーの基本ルール
	走塁に関するルールをチェックする

PART 5	守備の基本ルール
	守備側の野手に関するルールを学ぶ

PART 6	スコアブックの付け方
	試合の進行や結果をスコアにまとめる

2 バッテリー

ルール 01 ピッチャーはプレートを踏んで投げる

プレートを踏んでいる。

プレートを踏むことで、ピッチャーのルールが適用される。

プレートから足が離れてしまっている。

プレートを踏んでいないピッチャーは野手

ピッチャーはピッチャープレートに触れて初めて「ピッチャー」になる。そのためプレートから離れていれば野手と同じだ。プレートに触れているかどうかが重要になるのはボークの判定の際。もしも触れていない状態で、ピッチャーだと見なされるようなまぎわらしい動作をするとボーク。ランナーなしの場合は「ボール」がカウントされ、ランナーがいる場合はそれぞれ一個ずつ進塁権が与えられる。

ジャッジのコツ　プレートの確認はどの審判でもよい

ピッチャーが投球する際、軸足がプレートに触れているかどうかは球審よりも一塁、あるいは三塁の塁審のほうが確認しやすい。

そのほかのコンテンツも充実

正確なジャッジのためのポイントやルールに対する補足など、ルールをより理解するのに役立つ。

実際にあった珍しいプレーやルールの変遷など、知って納得する野球の情報が満載。

ルールブックには載っていなくても、気持ちよくプレーするために必要なマナーをレクチャー。

タイトル
ジャンルごとにわかれた、PARTのテーマとプレーの状況を明示。

写真
プレーの状況を写真で説明。OKやNGなどクローズアップ写真でよりわかりやすくする。

解説
丁寧な解説と状況別の判断など、ルールを具体例で確認することで理解度をアップする。

ジャッジのコツ
ジャッジする際に、見るべきポイントとコツを紹介。押さえておけば、自信を持ってジャッジできる。

CONTENTS | 目次

PART1
試合の進行と審判の役割 …………… 9

- グラウンドの規格 …………………………… 10
- ピッチャーマウンド …………………………… 11
- 本塁とバッターボックス ……………………… 12
- ベースの位置 ………………………………… 13
- ファウルとフェア ……………………………… 14
- ネクストバッターズサークル&コーチスボックス … 15
- ベンチ ………………………………………… 16
- 試合の始め方 ………………………………… 17
- 攻撃と守備 …………………………………… 18
- アウトカウント ………………………………… 19
- 得点 …………………………………………… 20
- 1試合のイニング数 …………………………… 21
- ベンチ入りメンバー …………………………… 22
- 試合の終わり方 ……………………………… 23
- コールドゲームやサスペンデッド …………… 24
- インプレーとボールデッドのちがい ………… 25
- タイム ………………………………………… 26
- 退場 …………………………………………… 27
- グラブとユニフォーム ………………………… 28

PART1 特別編 ハウ・ツー審判 …………… 29

- 審判の基本 …………………………………… 30
- 審判の役割と人数 …………………………… 32
- 球審のジェスチャー① ……………………… 34
- 球審のジェスチャー② ……………………… 36
- ジェスチャーの声 …………………………… 38
- 塁審の基本姿勢 ……………………………… 39
- 塁審のジェスチャー① ……………………… 40
- 塁審のジェスチャー② ……………………… 42
- 球審のアイテム ……………………………… 43

- 球審のポジション … 44
- 注意点 … 45
- 一塁塁審のポジション … 46
- 二塁塁審のポジション … 47
- 三塁塁審のポジション … 48
- 注意点 … 49

- COLUMN 審判こぼれ話1 … 50

PART2
バッテリーの基本ルール … 51

- ピッチャーはプレートを踏んで投げる … 52
- ワインドアップとノーワインドアップ … 53
- セットポジション … 54
- 時間制限に関するルール … 55
- 二段モーション … 56
- 反則投球 … 57
- バッターを狙った投球 … 58
- けん制球の数 … 59
- ボーク①ボークとは … 60
- ボーク②ピッチャーがプレートを踏んでいない … 61
- ボーク③完全静止を怠る … 62
- ボーク④肩が動く … 63
- ボーク⑤ボールを落とす … 64
- ボーク⑥サインの見かた、プレートのはずし方 … 65
- ボーク⑦セットポジションで取られやすいボーク … 66
- ボーク⑧バッターに正対せずに投げる … 67
- ボーク⑨隠し球をしてプレートに触れる … 68
- ボーク⑩バッターが構える前に投げる … 69
- ボーク⑪塁に足を踏み出さないけん制 … 70
- ボーク⑫足がプレート後ろに出たけん制 … 71
- ボーク⑬ランナーのいない塁へのけん制 … 72
- ボーク⑭一・三塁への偽投 … 73
- ボーク⑮ボークで暴投したとき … 74
- ロージンバッグ … 75
- ピッチャー交代①ピッチャー交代が認められる条件 … 76
- ピッチャー交代②ピッチャーのところに2回行ったら交代 … 77
- キャッチャーの装備 … 78
- キャッチャーの構え　サインの出し方など … 79

- ●キャッチャーボックス … 80
- ●打撃妨害 … 81
- ●本塁での衝突プレーの防止 … 82
- ●バッターランナーとの接触 … 83
- ●捕球でミットを動かす … 84
- ●審判との接触 … 85
- ●三振（スイング後の落球） … 86
- ●タイムの回数 … 87

- ●COLUMN 審判こぼれ話2 … 88

PART3
バッターの基本ルール … 89

- ●バッターの装備 … 90
- ●バッターボックス … 91
- ●左右バッターボックスの変更 … 92
- ●ストライクゾーンとカウント … 93
- ●ストライクゾーンの範囲 … 94
- ●ハーフスイング … 95
- ●フライとライナー … 96
- ●インフィールドフライ … 97
- ●ファウルボールとファウルチップ … 98
- ●2ストライク後のファウルチップを捕球された場合 … 99
- ●振り逃げ … 100
- ●バットを振らない振り逃げ … 101
- ●デッドボールでの進塁 … 102
- ●ワンバウンドのボールがデッドボールになる … 103
- ●ワンバウンドのボールを打つ … 104
- ●空振りしたバットがキャッチャーに当たる … 105
- ●ボークのボールを打つ … 106
- ●ボークのボールを空振り … 107
- ●バント … 108
- ●スクイズの打撃妨害 … 109
- ●打順を間違えた … 110
- ●代走 … 111
- ●ネクストバッターズサークルでの守備妨害 … 112
- ●打った後の走塁 … 113
- ●バットを構えない、バッターボックスから出る … 114
- ●ファウルボールは何球まで？ … 115

- ● ツーストライクでデッドボールを空振り ……………………… 116
- ● サインをのぞく ……………………………………………… 117
- ● バットがすっぽ抜けて守備の邪魔をする ……………………… 118
- ● フェアボールがバッターに当たる ……………………………… 119
- ● 打撃妨害後のプレーの選択権 ………………………………… 120
- ● スクイズでの守備妨害 ………………………………………… 121
- ● ストライクゾーンのボールに当たる …………………………… 122

PART4
ランナーの基本ルール ……………………………………… 123

- ● ランナーの装備 ………………………………………………… 124
- ● 一塁への走塁 …………………………………………………… 125
- ● ベースの踏み忘れ ……………………………………………… 126
- ● リードのしかた ………………………………………………… 127
- ● 守備に挟まれたとき …………………………………………… 128
- ● オーバーラン …………………………………………………… 129
- ● ラインアウト …………………………………………………… 130
- ● ランナーの追い抜き …………………………………………… 131
- ● ベースコーチ …………………………………………………… 132
- ● 打球がランナーに当たる ……………………………………… 133
- ● ランナーがエラー球に当たる ………………………………… 134
- ● ホームスチールしたランナーに投球が当たる ……………… 135
- ● 声の妨害 ………………………………………………………… 136
- ● 野手の走塁妨害(オブストラクション) ……………………… 137
- ● ランナーの守備妨害 …………………………………………… 138
- ● ベースに2人のランナー ……………………………………… 139
- ● 帰塁 ……………………………………………………………… 140
- ● タッチアップのタイミング …………………………………… 141
- ● 一塁ランナー到達とキャッチが同時のとき ………………… 142
- ● スリーアウトとホームインの関係 …………………………… 143
- ● ホームインと一塁アウトはどちらが認められる? …………… 144
- ● バックネットにボールが挟まったとき ……………………… 145
- ● サヨナラヒットや四球での各ランナーの動き ……………… 146

PART5
守備の基本ルール ………………………………………… 147

- ● 守備の装備 ……………………………………………………… 148

- ポジション …………………………………… 149
- ファウル地域での守備 ………………………… 150
- グラブを持たないで守ってはいけない ……… 151
- タッチプレー① ………………………………… 152
- タッチプレー② ………………………………… 153
- フォースプレーとは何か ……………………… 154
- 送球がランナーに当たる ……………………… 155
- 草むらにボールが入ってしまったら ………… 156
- 捕球 …………………………………………… 157
- グラブを投げる ………………………………… 158
- 帽子でキャッチ ………………………………… 159
- ボールを蹴る …………………………………… 160
- ファウルかフェアかの判断 …………………… 161
- インフィールドフライ落球 …………………… 162
- 故意落球 ……………………………………… 163
- アピールプレー ………………………………… 164
- 観客の妨害 …………………………………… 165
- ダブルプレー（トリプルプレー） ……………… 166
- ベースの踏み方 ………………………………… 167
- 打球を処理する野手が優先 …………………… 168
- 審判に打球が当たる …………………………… 169
- 野手の交代 …………………………………… 170

PART6
スコアブックの付け方 …………………………… 171

- スコアブックを付けよう ……………………… 172
- スコアブックに記録すること ………………… 173
- 記入のための基礎知識① ……………………… 174
- 記入のための基礎知識② ……………………… 176
- 記入してみよう　打撃 ………………………… 178
- 記入してみよう　ランナー …………………… 180
- その他いろいろなケース ……………………… 182
- 記入例 ………………………………………… 184
- 混同しやすいケース① ………………………… 186
- 混同しやすいケース② ………………………… 188
- 記録の計算方法 ………………………………… 190

PART 1

試合の進行と審判の役割

ルール01 グラウンドの規格

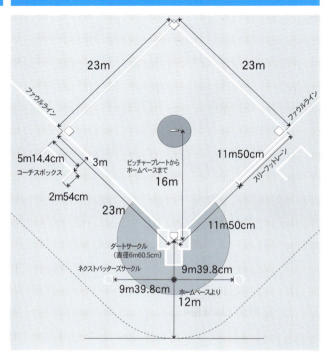

■少年野球のグラウンドの規格

野球場の規格は、使用されるグラウンドの広さによって外野の区画やファウルゾーンなどに違いがあるが、本塁から各塁やバッテリー間の距離などは、どの球場でも同じサイズ。ただし、少年野球などでは、内野の区画や外野フェンスまでの距離などを多少短くするなど、各リーグが独自に規格を設定している。

	内野のベース間距離	バッテリー間距離(本塁から投手板)	外野フェンスまでの距離
プロ・社会人	27.431m(90フィート)	18.44m(60フィート6インチ)	76.199m(250フィート)以上＊97.534m(320フィート)以上が理想
リトルリーグ	18.29m(60フィート)	14.02m(46フィート)	60.95m(200フィート)以上
ボーイズリーグ	22.86m(75フィート)	15.367m(50フィート5インチ)	特に規定なし
少年野球	23m	16m	両翼70m、センター85m

ルール02 ピッチャーマウンド

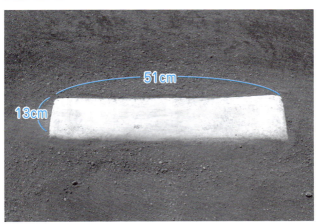

円形のマウンドの中心からやや後方に、ピッチャープレートを置く。

ピッチャーが投球を行う円形の小高い山

　本塁（ホームベース）と二塁の中間に位置するピッチャーマウンドは、少年野球では直径4.572m（プロ・社会人では5.468m）高さ25.4cmの円形。その中心からやや後方に平らなスペースを作り、そこにピッチャープレートを置く。前方の傾斜には公式な規格があるが（リーグなどにより異なる）、後方の傾斜にはなく、ゆるやかな傾斜とされている。バッテリー間の距離は、プレートの前側の辺からホームベースの後方の頂点まで。

POINT CHECK　ピッチャープレートにも規格がある

　ピッチャープレートは白いゴム製の板で、縦が13cm（プロ・社会人では15.2cm）、横が51cm（プロ・社会人では60.9cm）と定められている。ピッチャーは必ず軸足（右投手なら右足、左投手なら左足）をこのプレートに触れて投球を行わなければならない。

ルール03 本塁とバッターボックス

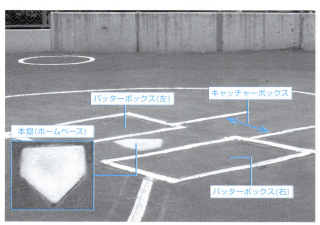

バッターボックスは、どの球場でも同じサイズ。

バッターが打撃を行うために入る区画

バッターボックスは、ホームベースの左右両側のバッターが打撃を行うスペースで、少年野球では縦が1.50m（プロ・社会人では1.82m）、横が90cm（プロ・社会人では121.9cm）と規定され、それぞれ7.6cm（3インチ）のライン幅を含めた長さとなる。この後方にあるのがキャッチャーボックスで、キャッチャーはボールがピッチャーの手から離れるまでは、この区画内にいなければならない。

 POINT CHECK ラインの幅もボックス内となる

バッターボックスやキャッチャーボックスの区画線は、一般には石灰を使用して引かれる場合が多い。ライン幅もボックスの一部と見なされるため、バッターやキャッチャーの反則（足の踏み出しなど）が正しくジャッジされるように、試合中に何度かひき直してもよい。

ベースの位置

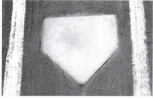

左右のバッターボックスにはさまれた位置にある本塁。

バッターが打った後に目指す一塁ベース。

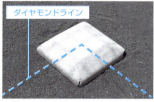

ダイヤモンドライン

二塁ベースだけはダイヤモンドのラインをまたがって置く。

三塁ベース。ベースの大きさと位置は、どのグランドでも同じ。

二塁ベース以外は各コーナーの内側に置く

　本塁ベースは白いゴム製で、少年野球の場合1辺38.1cmの正方形の下半分の角を左右対称に落とした　五角形。本塁以外のベースは、1辺35.56cmの正方形で、厚さ7.6〜12.7cm（3〜5インチ）と定められ、キャンバス製やゴム製、ウレタン製がある。本塁、一塁、三塁の各ベースは、内野の区画線の外側に沿わせて、二塁ベースは、中心が区画線（ダイヤモンドのライン）の頂点と同角度で一致するように置く。

 ベースが動いてしまった場合

　移動式のベースを使用した試合で、スライディングなどによってベースが動いてしまった場合は、最初にベースがあった位置がジャッジの基準となる。

ルール 05 ファウルとフェア

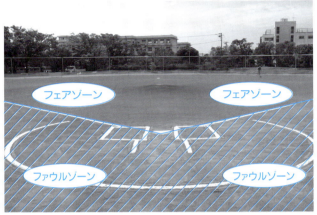

本塁から外野に向かって引かれたラインで、フェアとファウルのゾーンに分けられる。

幅を含めたラインの内側がフェアゾーン

　本塁ベースから一塁または三塁ベースを通り、外野フェンスまで続く区画線の内側の地域がフェアゾーンで、それ以外がファウルゾーンとなる。このとき、ラインの幅7.6cm（3インチ）上とファウルポールもフェアゾーンに含まれるため、ボールの一部がラインにかかるか、ポールに当たればフェアとなる。また、フライの打球がフェアゾーンでグラブにふれた後、ファウルゾーンに落ちてもフェアとなる。

 POINT CHECK 打球がバウンドして戻ってきた場合

打球がいったんファウルゾーンに出ても再び内野に入ればフェア。また内野のフェアゾーンでバウンド後、一・三塁ベースの前でファウル地域に出ればファウルとなる。

ルール06 ネクストバッターズサークル&コーチスボックス

監督やコーチは、コーチスボックスからランナーに指示を出す。　次打者が打席を待つネクストバッターサークル。

ファウルゾーンに設けられた区画

　試合が行われる野球場のファウルゾーンには、ネクストバッターズサークルとコーチスボックスが設けられている。ベンチ前方に置かれるネクストバッターズサークルは、攻撃側のチームの次打順の選手が待機する円形の区画で、この範囲内なら素振りを行うことができる。一塁と三塁付近に置かれたコーチスボックスには、監督またはコーチ、選手が立ち、ランナーやバッターに指示やサインを送ることができる。

 POINT CHECK ネクストバッターズサークルとコーチスボックスの規格

　ネクストバッターズサークルは少年野球の場合直径1.30mの円形。2つのコーチスボックスは、それぞれ一塁線と三塁線から3m離れた場所に、5.144m×2.54mの区画として描く。

ルール 07 ベンチ

両チームのメンバーは、それぞれのベンチに分かれて試合を行う。

監督らが指示を送り、控え選手が待機する場所

　試合に関係する両チームの監督、コーチ、選手、マネージャー、記録員などが控える場所を、ベンチまたはダッグアウトという。一塁側と三塁側に1ヵ所ずつ設けられ、試合を妨げない範囲で、試合中にベンチの中からプレー中の選手に指示や声援を送ったり、試合に出る準備としての投球練習やキャッチボールを行ったりすることができる。ただし、むやみにベンチを出ることは許されない。

ベースボールマナー講座 **野球用具はきちんと整頓**

　バットやヘルメット、グラブなどはベンチの前に置かず、ベンチ内にきちんと整理しておく。キャッチャーなどが、ファウルフライをベンチ近くまで追ってくることもあるので危険。ベンチ前がちらかっていては試合の雰囲気も引き締まらない。

ルール 08 試合の始め方

野球の試合は、球審の「プレー」のコールにより始まる。

球審の合図で試合が始まる

　アマチュア野球では、試合前に本塁ベースを挟んで両チームが集合して各一列で向かい合い、球審からの注意事項を受けた後に、球審の合図で挨拶を交わす。先攻チームはベンチに引き上げ、後攻チームの9人の選手はそれぞれの守備位置につく。その後、投手が規定の投球練習（〜8球※各リーグによる）を終えたところで練習ボールを引き上げ、球審の「プレー」のコールで試合が開始される。

 POINT CHECK 先攻と後攻の決め方

　アマチュアの試合では、審判の前で各チームの代表がジャンケンやコイントスなどを行い、勝ったほうが先攻か後攻を選ぶのが一般的。ただし、シーズン制のリーグ戦などでは、大会主催者や競技団体によってあらかじめ先攻後攻が決められているケースもある。

ルール09 攻撃と守備

9人の守備に対し、バッターは打順に従い1人ずつバッターボックスに立つ。

最大13人の選手がプレーに参加する

野球では、キャッチャー以外の8人の選手がそれぞれフェアゾーン内の守備位置（ポジション）につく。攻撃側チームはあらかじめ決めておいた打順に従って、1人ずつ選手をバッターボックスに送り出し、球審の「プレー」コールによって試合が進められる。さらに攻撃側は、プレーの結果に応じて塁上にランナーを置くことができ、攻守合わせて最大13人の選手が同時にプレーに参加することができる。

 POINT CHECK フェア地域内にポジションをとる

プレーが始まるときは、キャッチャーを除く8人の野手はかならずフェア地域内にいなければならない。もちろん定位置はあるが、フェア地域内であればピッチャー以外の7人の野手のポジションはどこでもよく、外野手が内野を守ってもよい。

ルール10 アウトカウント

フライを捕球されるとアウト。

ゴロを野手に捕球される。

バッターランナーの一塁到達よりも、送球が先だとアウト。

バッターとランナーがアウトになるケース

　野球は、攻撃側のバッターやランナーによるアウトカウントが1イニングで3つになった時点で交替となる。バッターがアウトになるケースには、①フライやライナーの打球をノーバウンドで捕球される、②ゴロを打った後の一塁への到達が一塁送球よりも遅れる、③3つ目のストライクをとられる（三振）の3つがある。また、ランナーの場合は塁間でのタッチアウトや、フォースアウトなどもアウトのケースとなる。

 POINT CHECK ほかにもある アウトになるケース

　攻撃側の選手は、上に記したケース以外にも、相手チームの選手に対する守備妨害をとられることでもアウトになる。故意の場合はもちろん、偶然起こった場合でもアウトが宣告される。また、走塁中のベースの踏み忘れやランナーの追い越しもアウトとなる。

ルール11 得点

攻撃側の選手が本塁を一度踏む度に、一点が加算される。

1人の選手がすべての塁を踏むと得点になる

　野球の試合で攻撃側チームに得点が認められるのは、バッターもしくは出塁したランナーが1度もアウトにならずに、一塁から二塁、三塁のベースを順番に踏み、本塁に戻ってベースを踏んだときとなる。バッターがホームランを打った場合も、必ずすべての塁を踏むことが得点の条件となる。さらに、ヒットやホームランが出なくても、守備側のエラーや四死球、違反行為によっても得点が入るケースがある。

ジャッジのコツ

得点時のジェスチャーは不要

　クロスプレーは別にして、単にランナーがホームベースを踏んで得点したとき、球審は特別ジェスチャーをする必要はない。

ルール12 1試合のイニング数

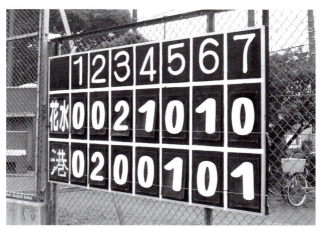

決められたイニング数で勝敗がつかないときは、試合を延長することもある。

1試合は9イニング制が基本

　野球の試合は、原則として両チームが9回ずつの攻守（イニング）を終えた時点で試合が終了し、得点の多いチームが勝利となるが、少年野球の場合は体力などの理由から、5～7回で行われることが多い。また、あらかじめ決めたイニング数で勝敗がつかない場合は、延長戦を行うこともある。試合途中での打ち切り、もしくは続行の判断については、基本的に審判にゆだねられる。

 ### 最終イニングの裏の攻撃について

　最終イニングは、後攻チームが勝っている状況のまま先攻チームの攻撃が終了したら、その時点で後攻チームの勝利が決まる。また、先攻チームがリードもしくは同点の状況で、後攻チームが勝ち越しに成功したら、その時点で後攻チームの勝利が決まる。

ルール 13 ベンチ入りメンバー

ベンチ入りできる人数は決まっていて、そのメンバーで試合を戦う。

公式試合ではベンチ入り選手だけが出場可能

　草野球などの非公式な試合以外は、ベンチ入りできる選手数があらかじめ決められていることが多い。プロ野球では25人、高校野球では18人と定められているが、各団体や大会によって異なる。試合中は、ベンチ入りの選手だけに出場資格があり、選手交代や守備位置の交替は監督が審判に告げて行われる。原則として、交代してベンチに退いた選手は、試合に再び出ることはできない。

 ### 試合前のメンバー表の交換

　公式試合などでは、ベンチ入りの全選手、監督、コーチらの名前を記入したメンバー表を、試合前に審判を交えて本塁近くで交換しておくのが一般的。先発出場の9人の選手については、打順と守備位置も記入する。

ルール14 試合の終わり方

決められたイニング数を行った結果、得点の多い方のチームの勝利で試合終了。

球審の「ゲームセット」のコールで試合終了

　規定のイニング数を終え、勝敗が決した場合には、球審が「ゲームセット」をコールして試合が終了する。アマチュア野球の場合は、試合開始時と同じように、本塁ベースを挟んで両チームが集合。各一列で向かい合い、球審からの試合結果報告を受け、ゲームセットが宣告された後に、互いに一礼して、握手などを交わして健闘を称えあうのが通例だ。

ベースボール マナー講座

試合が終わったら整備作業をする

　アマチュア野球では、試合後にチームで円陣を組み、相手チームへのエールを贈りあうケースもある。また、時間制限のあるグラウンドで試合を行った場合は、相手チームと協力してすみやかにグラウンド整備作業を行い、次の利用チームに明け渡すことが必要。

ルール15 コールドゲームやサスペンデッド

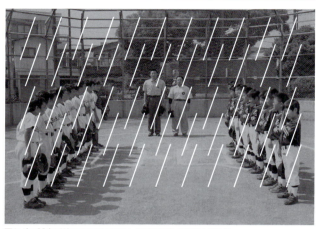

雨などで試合が続けられなくなると、試合終了となることもある。

規定イニング前でも試合終了となるケース

　規定の全イニングを終了する前に球審が試合終了を宣告し、なおかつ正式試合となるケースを「コールドゲーム」といい、正式試合になる前に打ち切るケースを「ノーゲーム（無効試合）」という。さらに、後日に同じ状態から再開する前提で一次的に停止された試合を「サスペンデッドゲーム」、重大な規則違反があったと審判が判断し、没収試合となる場合は「フォーフィッテッドゲーム」という。

 天気やグランドの悪化などによる試合終了

　コールドゲームやノーゲーム、サスペンデッドゲームが宣告される対象は、天候悪化や日没、照明の故障などのグラウンド状況の悪化や、時間制限、同点によるものなどがある。また、アマチュアでは、大量得点差などの特別ルールによるコールドゲームもある。

ルール16 インプレーとボールデッドのちがい

インプレーはプレーが続いている状態。ファウルはボールデッドとなる。

審判の判断で試合が進み、中断する

　野球の試合は、必ず球審のコール(宣告)によって進行する。球審が「プレー」をコールしてからの状態を「ボールインプレー」といい、タイムやファウルなどによって進行が止まるまで、その状態が続く。反対に、進行していない状態は「ボールデッド」という。ボールデッドの状態にするかどうか判断が必要な場合は、審判が行う。

 POINT CHECK 審判のコールがなくても、ボールデッドとなるケース

　ファウル以外で審判のコールなく自動的にボールデッドになるケースにはデッドボールの他、妨害や反則プレーが行われたり、投球がバッターや本塁突入のランナーに当たったり、用具にはまったり、スタンドなどに入り込んだりしてプレーの続行が不可能となった場合などがある。

ルール 17 タイム

タイムがコールされると、ボールデッドの状態になる。

タイムを取りたいときは審判に申し出る

　審判は、試合状況から、いったんその試合を停止させたほうが良いと判断した場合に、「タイム」を宣告してボールデッドの状態にすることができる。また、監督が選手交代や守備位置の交替を告げたいときや、選手がユニフォームや靴ヒモの乱れを直すか、負傷からの回復を待ちたいときなどには、審判にタイムを要求することもできる。ただし、投球や打撃のモーション中などプレー続行中はタイムを要求できない。

> **ジャッジのコツ** タイムが有効となるのはいつ？
>
> 　監督や選手からの「タイム」が有効となるのは、申し出たときではなく、審判が両手を上げて「タイム」を両チームに宣告してからとなる。

ルール 18 退場

試合の妨げになる行為があった場合、審判は退場を言い渡すことができる。

退場を宣告されたらすみやかにベンチを退く

　野球の試合では、以下のような試合の妨げとなる非紳士的行為があった場合、審判は、監督・コーチ・選手およびベンチにいるチーム関係者に対して退場処分を課すことができる。①観客の騒ぎをあおる行為、②選手、審判、観客への暴言、暴行、③相手投手のボークを誘う行為、④審判への故意の接触、⑤相手バッターへの妨害行為など。審判に対する激しい抗議を執拗に続けた場合も対象となる。

 POINT CHECK 退場を宣告されたあとの選手や監督

　退場処分を受けた選手や監督は、すみやかにグラウンドを去り、その試合に関わることを禁じられる。

ルール19 グラブとユニフォーム

バットは規格内のものから自分に合ったものを選ぶ。

ユニフォームはチームで統一する。

グラブやミットにも、大きさや色に決まりがある。

ユニフォームや用品は規定に合うものを使う

規則では、試合のとき、同じチームの監督と全選手は、同じデザインのユニフォームを着用し、15.2cm（6インチ）以上の大きさの背番号をつけることが義務付けられている。ボールやグラブ、バットにも大きさや素材に関する規定があり、規格に合格した市販品を使わなくてはならない。

野球豆知識 ホームとビジターでユニフォームの色はなぜ違う

ホームのときは白色がベースでビジターのときは色が濃い。昔、大リーグが始まった頃は白のユニフォームしかなく、洗濯機もあまり普及してなかったため、遠征で転戦しているうちに汚れて色が付いてしまう。ようやくホームに帰って洗濯をし、ユニフォームを白くしたことに由来する。

PART 1 特別編

ジャッジをマスターして「お父さん審判」を目指せ！

ハウ・ツー 審判

常に正しいジャッジを行わなければならない審判には、役割やポジションが違う球審と塁審がある。ここでは試合でジャッジするために必要な最低限の知識やジェスチャーを学び、「お父さん審判」を養成する。

お父さん審判養成の手順

1 審判の数、球審と塁審の役割分担を学ぶ

2 球審の基本ジェスチャーをマスターする

3 塁審の基本ジェスチャーをマスターする

4 審判のアイテムをチェックする

5 試合でのジャッジ注意点を学ぶ

6 審判デビュー

ジャッジ 01 審判の基本

ゲームのさまざまな場面で、審判は試合を取り仕切る。

審判にチャレンジしてみよう!

　野球の試合は、それが練習試合であってもルールに従って行われる。そのため、試合をスムーズに行うためには、中立な立場で個々のプレーにルールを適用する審判が必要だ。審判は試合開始から終了まで、ストライク、ボールのカウントのジャッジから、メンバーの交代にいたるまで、さまざまなことを取り仕切る。審判のジャッジは絶対のものなので、誰もが納得のいく判定をしなければならない。

 POINT CHECK セオリーに頼らない

　野球には、セオリーとされているプレーも多いが、とくに野球を始めたばかりの子どもは、セオリー通りのプレーをするとはかぎらない。審判は先入観を持たずに、プレーを丁寧に見て判定をすることが大切。

試合では最低でも1人の審判が必要

　ルールによると、野球の試合では、最低でも1人の審判が必要とされているが、2人、3人、4人、6人のいずれかの人数で行われるのが一般的。審判の人数は、リーグや団体によって決まっていて、審判にはルールに則ってジャッジする権限があるだけでなく、ルールに規定されていないことでも、個人の裁量でジャッジをすることができる。審判には、キャッチャーの後ろに立つ球審と塁につく塁審がおり、塁審が塁よりも少ない場合は、プレーの状況ごとに動いてカバーする。

球審のハーフスイングの確認に塁審が答えるなど、審判同士のチームプレーも多い。

「審判の心得」〜三箇条〜

❶ ボールをよく見て、プレーは正しい位置で見る。

❷ 判定ははっきりと分かりやすく、大きな動きで伝える。

❸ 中立の立場に立って、堂々とした態度で判定をする。

ジャッジ 02 審判の役割と人数

球審は、ホームベース付近で判定を行う。

球審と塁審

　球審は、グラウンド全体が見渡せる位置で、ボール、ストライクのカウントの判定やバッターに関するすべてのことをジャッジする。またメンバー交代を許可するのも球審の仕事だ。塁審はそれぞれの塁について、ランナーや守備に関するプレーのジャッジをするほか、タイムやインフィールドフライ、ボークの宣告などを行い、球審をアシストする。

 POINT CHECK　6人制には線審が2人

　プロ野球のオールスターやプレーオフで採用される6名の審判制では、レフトとライトに、それぞれ1名ずつ線審が配置される。線審は、フェンス際の判定など、外野の広範囲にわたってプレーをジャッジする。4人制では線審の仕事は、おもに一、三塁の塁審がカバーしている。

球審1+塁審3の4人制が基本

球審1名と、一塁、二塁、三塁の各塁に、それぞれ塁審がつく4人制の審判が基本。少年野球などのアマチュアの試合では、二塁塁審が欠ける3人制、球審と塁審各1名が動き回る2人制などで行うこともある。4人制に、線審2名を含めた最大人数で行う6人制は、プロ野球のオールスターなど、特別な試合で採用されている。

4人制の配置

球審は、キャッチャーの後ろに立ち、カウントの判定などのジャッジをおこなう。一塁、二塁、三塁にはそれぞれ塁審が1人ずつつく。

4人制では一・二・三塁に塁審がつく。

3人制の配置

球審がキャッチャーの後ろに立つのは、4人制と同じ。塁審の2人はそれぞれ一塁と三塁につき、二塁周辺でのプレーは、状況に応じてどちらかがジャッジする。

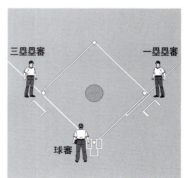

試合全体を見て、球審をアシストする塁審。

ジャッジ 03 球審のジェスチャー①

ストライク

腰を伸ばしてキャッチャーが捕球しているミットを見ながら、右手を握って頭の高さまで上げて、「ストライク」とコールする。見逃しのストライクには大きな声で、空振りストライクは声を出さずジェスチャーする。

正面 　　横

ボール

基本姿勢から体を動かさず、「ボール」と声だけでコールする。その際、首や頭を動かさないように注意すること。

正面 　　横

ホームベースの後ろで試合全体を取り仕切る

球審はキャッチャーの後ろに立ち、おもにホームベース付近で行われるプレーについてのジャッジをする。一試合の投球は両チーム合わせると200球以上になることもあり、カウントに関するジャッジだけでも集中力が必要なポジションだ。

ファウル／タイム

マスクを左手に持ち、両手をYの字に上げて、「ファウル」とコールする。手は真横ではなく、やや前方に出すようにして上げよう。「タイム」のジェスチャーも同じ。

正面　　横

フェア

ファウルラインをまたいで、フェア地域側の腕を肩まで上げて、人さし指でフェアグラウンドを指して示す。以前は「フェア」とコールしていたが、現在は声を出さずにジェスチャーするのが主流。

正面

ジャッジ 04 球審のジェスチャー②

アウト

右手を上げて、大きな声で「アウト」とコールする。

正面　　横

セーフ

両腕を水平に伸ばして、「セーフ」とコールする。

正面　　横

球審には多くの仕事がある

ハーフスイングの確認やデッドボールなど、球審には塁審にはないジェスチャーも多い。またハーフスイングの確認の際は、ストライクと区別するために左腕で行うなど、細かい動作もしっかり押さえておこう。

デッドボール

タイムのジェスチャーのすぐあとに「デッドボール」とコールしたら、ボールが当たった場所を示し、右手で一塁を示して、バッターをうながす。

ハーフスイングの確認

①で右打者の場合は一塁審、左打者なら三塁審に、左手を伸ばして確認する。塁審が振っていたと判断したら、②のように、右手を上げてストライクのジェスチャーをする。

ノーランスコア

①で両腕を顔の斜め上方でクロスさせ、②で両腕をYの字に開いて得点が認められないことを示す。①で両腕をクロスさせたときにバックネットの方を向き、「ノーランスコア」または「無得点」と記録員に告げる。

ジャッジ 05 ジェスチャーの声

はっきりと大きな声で!

大きな動きでハッキリと

　審判はプレーに対する判定を、ジェスチャーを使って選手や監督、また観客に伝える。そのため、誰が見ても分かりやすいようなジェスチャーを心がける。ジェスチャーの基本は、キレのある大きな動きで、はっきりとした声でコールすること。また、きわどいプレーの場合は、あせらず余裕を持って行うと、より説得力のあるジャッジに見える。

判定は自信を持って、大きな動きでジェスチャーしよう。

「ジェスチャー」の３つの注意点

① キレのある大きな動きでジェスチャーする。

② コールははっきりと大きな声で!

③ あわてず、余裕を持ってジャッジする。

ジャッジ 06 塁審の基本姿勢

前かがみになりすぎないようにして、腰を落とし背筋を伸ばす。ヒジを伸ばし、両手でヒザを包み込むようにしてバランスを取ろう。

正面

目線は前方に向け、下を見ないように注意。

軽く曲げたヒザの上に両手をつく。

背筋を伸ばしたまま腰をすこし落として、前傾姿勢を取る。

横

肩幅よりやや広めに足を開いて立つ。

POINT CHECK 審判になるには？

少年野球の審判になるには、各都道府県の軟式野球連盟が行っている講習会を受講したあと、認定試験を受ける。その他、私的な審判団体も全国にはあるが、試験に合格後デビューしてからは、経験を積むために最初は塁審からスタートするのが一般的。

ジャッジ 07 塁審のジェスチャー①

アウト

右手を握って「アウト」とコール。野手がライナーやフライをキャッチした際は、同じジェスチャーで「キャッチ」とコールする。

正面　　横

セーフ

①で腕を体の前に肩の高さまで上げて、②で水平に伸ばして「セーフ」とコールする。

各塁の近くでプレーをジャッジする

塁審は、それぞれの塁についてその付近でのプレーをジャッジするのが仕事。またピッチャーのボークを見たり、バッターのハーフスイングやインフィールドフライの判定などを行い、球審をアシストする。

ファウル

手のひらを開いて、腕をYの字に上げて「ファウル」とコールする。

正面　　横

フェア

ファウルラインをまたいでフェア地域側の腕を水平に上げる。フェアはファウルボールと区別するために、声を出さないジェスチャーとなる。

正面　　横

ジャッジ 08 塁審のジェスチャー②

インフィールドフライ

正面　　横

インフィールドフライ

右手で空を指差して「インフィールドフライ」とコールする。そのままの姿勢で「バッターアウト」とコールする。

イエス　　ノー

ハーフスイング

球審がハーフスイングの確認をしたら、振っていた場合「スイング」または「イエス」とコールして、アウトと同じジェスチャーをする。また、振っていなかったら「ノー」とコールして、続けてセーフのジェスチャーをしよう。

ジャッジ 09 球審のアイテム

球審が身につけるもの

プロテクター

キャッチャーの後ろに立つ球審には、ファウルボールが飛んでくることも多い。シャツの下にプロテクターをつけて、上半身をガードする。

マスク

マスクは写真のような審判用が一般的だが、最近ではヘルメットと一体化したホッケー型もある。

シューズ

球審の履くシューズには、ファウルボールが当たりやすい足の内側部に補強材が張ってあったり、爪を保護するために、つま先部分に鉄芯が入っているものもある。

レガース

ワンバウンドしたボールはキャッチしにくく、パスボールとなることもある。レガースはヒザの皿から足首までをガードする。

その他のアイテム

球審は体をガードするためのアイテムのほかに、交換用のボールを入れておく袋や、ダイヤルを回してストライク、アウトのカウントを取るインジケーター、ホームベース上にかぶさった土をはくブラシなどを身につけている。

ブラシ
ホームベース上にかかった土をはいて、はっきりと見えるようにする。

インジケーター
一球ずつダイヤルを回して、ストライク、ボールのカウントを記録する。

ジャッジ 10 球審のポジション

球審の頭の位置は、キャッチャーとバッターの間。アゴの位置をキャッチャーの頭の上のラインに合わせる。

キャッチャーの左足のカカトの延長線上に左足のつま先を置く。

プレーの邪魔にならず、見やすい位置で構える

　球審はキャッチャーの後ろにポジションをとり、キャッチャーとバッターの間に体を移動し、キャッチャーの頭の上に自分のアゴがくるようにセットして構える。右打者の場合、左足はキャッチャーのカカトの延長線上、右足は45度に開き、左足のカカトの延長線上に右足のつま先が来るようにする。目線はピッチャーに向ける。

4人制球審のおもな動き

1. フェアの打球を追う
2. 一・三塁に上がる
3. ホームでのプレーをジャッジする

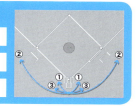

ジャッジ 11 注意点

打球が飛んだときは、まずマスクをとってボールの行方を追う。その場合、右打者の打席から回り込む。キャッチャーの動きを妨げないようキャッチャーの左側に動く。

右打者の場合、三塁側に回り込むように動く。

ハーフスイングかどうかを一塁の審判に聞くときはマスクをつけたまま力強く左腕で指示する。

ストライクと間違われないように、左手でジャッジする。

フェアかファウルかはラインをまたいで確認。キャッチャーに隠れて見えにくいときは多少、ラインからはずれてもかまわない。

ラインをまたいで、真上から見るようにする。

ジャッジ 12 一塁塁審のポジション

ランナーなしのときはバッターに正対し、ランナーがいるときは、ランナーと一塁手の間からピッチャーが見える位置で基本姿勢を取る。

ファーストよりも下がって全体を見る

　一塁塁審のポジションはファーストと並ばずに3、4メートル後ろで、ランナーがいないときには両足をファウル地域に置き、バッターに対して正対して構える。ランナーがいるときも、けん制球やボークを確認するため、ファウル地域でランナーと一塁手の間からピッチャーが見えるようポジションを取る。

4人制一塁塁審のおもな動き

1. 外野の打球を追う
2. 一塁でのプレーに備える
3. 二塁や本塁でのプレーを見る

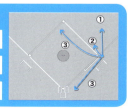

ジャッジ 13 二塁塁審のポジション

ランナーなし

ランナーあり

ランナーなしのときは内野手の後方で、ランナーがいるときは、内野の内側で基本姿勢を取る。

ランナーの有無で、位置を変える

　二塁塁審はランナーがいないときは、内野手の後方に位置をとってバッター方向を見る。ランナーがいるときは、内野の内側に位置する。状況によっては一塁側でも三塁側でもかまわない。けん制やボーク、盗塁などのプレーをチェックする。

4人制二塁塁審のおもな動き

1. 外野の打球を追う
2. 二塁でのプレーに備える
3. 一塁、三塁のプレーを見る

ジャッジ 14 三塁塁審のポジション

ランナーなしのときは、三塁手の後ろでバッターと正対して基本姿勢を取り、ランナーがいるときは、三塁後方からけん制球に備える。

サードの後ろで、けん制球やボークを見る

　三塁塁審のポジションはサードと並ばずに3、4メートル後ろで、ランナーがいないときには両足をファウル地域に置き、バッターに対して正対して構える。ランナーがいるときも、けん制球やボークを確認するため、ファウル地域の三塁後方からプレーに備えてポジションを取る。

4人制三塁塁審のおもな動き

1. 外野の打球を追う
2. 三塁のプレーに備える
3. 二塁でのプレーを見る

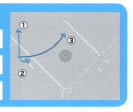

ジャッジ 15 注意点

ファウルフライの場合

プレーが見やすい位置にすばやく移動してジャッジする。

内野のファウル地域にフライが上がったら、球審と塁審は、すばやく移動して、内野手を挟むようにしてジャッジする。

打球が外野に飛んだ場合

打球の飛んだ方向によって、審判は動いてお互いにカバーする。

打球がレフトオーバーした場合は、三塁塁審は打球を追い、球審が三塁に上がる。このとき、空いた本塁は一塁塁審がカバーする。

静止してプレーを見る

きわどいプレーは、タッチがよく見えるポジションで静止して見る。

塁上のプレーを確認するときは、すばやく移動して静止し、正面からタッチの状態を見る。プレーがよく見えるポジションに動くことがポイント。

COLUMN ● 審判こぼれ話1

世界各国のルールの違い

日本では、プロでもアマチュアでも二死になると、自軍のダッグアウトの前でピッチャーが次のイニングに備えてキャッチボールをはじめます。ワールド・ベースボール・クラシック（WBC）のような世界大会では、それが認められず、大きなダッグアウトの中でキャッチボールをしている姿が見られました。

ホームランを打ったバッターを迎えるのに、ダッグアウト内で待っているチームもあれば、わざわざバッターを出迎えに行くチームもありました。

両方ともルールブックに明確な記載がされている部分はなく、どちらが正しいとは言えません。少なくともそれが、試合進行の妨害になるようであれば、審判として対処すべきであると思います。

同じような考え方として、少年野球とプロ野球では、明らかに野球のレベルが違います。したがってストライクゾーンもまったく同じでなくてもいいのです。試合進行をスムーズに行うためにはどの方法がベストなのか、そして子どもたちに正しく、楽しく野球をしてもらえるのかを考えましょう。

PART 2

バッテリーの基本ルール

ルール 01 ピッチャーはプレートを踏んで投げる

プレートを踏むことで、ピッチャーのルールが適用される。

プレートを踏んでいる。

プレートから足が離れてしまっている。

プレートを踏んでいないピッチャーは野手

　ピッチャーはピッチャープレートに触れて初めて「ピッチャー」になる。そのためプレートから離れていれば野手と同じだ。プレートに触れているかどうかが重要になるのはボークの判定の際。もしも触れていない状態で、ピッチャーだと見なされるようなまぎらわしい動作をするとボーク。ランナーなしの場合は「ボール」がカウントされ、ランナーがいる場合はそれぞれ一個ずつ進塁権が与えられる。

ジャッジのコツ プレートの確認はどの審判でもよい

　ピッチャーが投球する際、軸足がプレートに触れているかどうかは球審よりも一塁、あるいは三塁の塁審のほうが確認しやすい。

ワインドアップとノーワインドアップ

振りかぶって投げるワインドアップ。

振りかぶらずに投げるノーワインドアップ。

腕を振りかぶるかどうかの違い

　ピッチャーの投球スタイルには、セットポジション（P54）とワインドアップポジションの2つがある。一般的にランナーがいればセットポジション、いなければワインドアップと使い分ける。ワインドアップは「腕を振りかぶる」という意味だが、振りかぶらないで投げるノーワインドアップも、ワインドアップの一種とみなされ、同じルールが適用される。

 ピッチャーの投球動作は変えてもいい

　ランナーがいないときのピッチャーの投球では、ワインドアップとノーワインドアップがあるが、投球ごとに変えてもルール上はなんら問題がない。実際には、途中で変えるケースはごくまれ。

ルール 03 セットポジション

軸足の側面を、プレートの前の縁にぴったりと合わせる。

足が離れてしまっている。

体の側面をバッターに向けた状態で、投球動作に入る。

ランナーが出たときに使うフォーム

　セットポジションは、一般的に塁にランナーが出たときに使う投球フォームだが、ランナーがいなくてもセットポジションで投げても構わない。セットポジションでは、投球動作に入る前に、軸足をピッチャープレートに触れた状態にし、反対の足は軸足よりホームベース寄りに置く。また、サインを見るときは、左右の手のどちらかを、体の横にぴったりとつけておかなければならない。

ジャッジのコツ

セットポジションでは静止がポイント

　セットポジションでは、ピッチャーの体の前で両手がしっかり止まっているかどうかの確認をする。ランナーありで静止しないまま投球すればボークとなる。

ルール04 時間制限に関するルール

キャッチャーからボールを返球される。

次の投球にすぐに入らずに、時間がかかる。

遅延行為と見なされた場合は、ボールを宣告されることもある。

すみやかに投球動作に入る

　ランナーがいないとき、ピッチャーはキャッチャーから返球を受けてから12秒以内に投球しなければならない。この規則は無駄な引き延ばしをやめさせて、試合のスピードアップをはかるためのもの。規則によると、ピッチャーだけでなく、キャッチャーにもすみやかな返球を求めている。ピッチャーとキャッチャーが12秒以内に投球をせず、それが明らかな遅延行為と判断されると、ボールを宣告される。

POINT CHECK　試合のスピードアップを心がける

　12秒、あるいは15秒ルールはあるが、実際ストップウォッチで計ることはしない。原則的には、そんなに厳しいチェックよりも試合のスピードアップに心がけることが大切。もちろん、遅延行為は許されない。

ルール05 二段モーション

一度足を高く上げてからいったん下ろし、さらに足をもう一度上げて投げる。

二段モーションは反則投球

投球動作の途中で、上げた足を下ろし、また上げてから投げることを二段モーションという。リズムが取りやすいなどの理由から、プロでも二段モーションを使うピッチャーもいたが、規則には「ワインドアップでもセットポジションでも、投球動作をスムーズに行わなければならない」と明記されている。そのため反則投球となり、ランナーなしならカウントはボール、ランナーがいるとそれぞれ1個ずつ進塁できる。

ジャッジのコツ スムーズな投球動作が基本

いったん投球動作を止めた後にさらに動作を続けたり、自由な足を二回以上ブラブラさせていないか注視する。バッターをごまかすような行為は禁止されている。

ルール06 反則投球

土や砂などの異物をつけることも禁止。

手を口につけることは禁止されている。

バンソウコウを巻くことも許されていない。

ボールに細工をしてはダメ

①投球する手を口または唇につける。②ボールに異物をつける。③ボールや投球する手にだ液をつける。④ボールをグラブ、体、またユニフォームでこする。(※ユニフォームで拭う行為はリーグによっては可)⑤ボールに傷をつける。これらに違反した場合は、球審はランナーの有無にかかわらずボールを宣告して、ピッチャーには警告を与えられる。なお、指にバンソウコウを巻くこともダメ。素手でボールをこすることはルール上問題ない。

野球豆知識 メジャーリーグでの反則投球

アメリカのメジャーリーグでは、ピッチャーがポケットに小さな紙ヤスリを入れていたケースがあった。ボールに傷をつけて変化球を投げやすくするためだが、バッターがボールの異常に気づき監督が抗議して発覚、ピッチャーは退場を宣告された。

ルール 07 バッターを狙った投球

バッターを狙った投球は禁止。

危険な投球には、厳しいルールが課せられる。

危険な投球は厳しく取り締まる

　ピッチャーの禁止事項のなかでも、とりわけバッターを狙った危険な投球には厳しいルールが課せられている。球審が投球を当てる意思のあったものと認めた場合、ピッチャーだけ、あるいはピッチャーと監督の両方に退場が宣告されることもある。制球力のない小学生の場合、わざとぶつけることは技術的に無理だとしても、頭部近くの投球に対しては厳しく注意して、試合をコントロールすることも必要となる。

ジャッジのコツ
コースではなくピッチャーの意図が決め手

危険な投球の基準はボールのコースではなく、ピッチャーがわざとバッターにボールを当てようとしたと球審が判断した場合である。球審はこうした行為の前に、引きがねとなる行為があることを念頭に入れておく。

ルール08 けん制球の数

ランナーを刺す目的なら、けん制球は何球投げてもよい。

けん制球の数

　けん制球とは、投球前のピッチャーや捕球後のキャッチャーがランナーの離塁や盗塁を防ぐために、ランナーがいる塁に送球して動きをけん制すること。セットポジションから行うことが多く、ピッチャーが自分で判断する場合とキャッチャーやベンチのサインで送球する場合がある。何球まで投げていいかといった規則はないが、不必要に試合を遅延させたり、ランナーがあまりリードしていないのに山なりのけん制球を投げるとボークになることもある。

POINT CHECK けん制の意図を見きわめる

　ピッチャーが本気でランナーを刺しにいっている場合は何回けん制してもかまわない。刺す意志がない、あるいは意味のないけん制を何度も繰り返すときは遅延行為とみなされる場合がある。

ルール 09 ボーク① ボークとは

ボークを宣告されると、ランナーにはそれぞれ一個の安全進塁権が与えられる。

ボークは反則投球

ボークはピッチャー（またはキャッチャー）がランナーをだます行為について定められたルールで、13項目（ピッチャー12項目、キャッチャー1項目）ある。審判は明らかにボークのときはもちろん、だます意図があったと判断したときもボークを宣告することができる。ボークが宣告されると、塁上のランナーには一個の進塁が与えられる。

 投球動作のクセを見抜いておく

ボークは瞬間的で見逃しやすい。同じ動作をしても判断が異ならないように、審判は試合の最初からピッチャーの動きやクセをしっかり注意して見ておくことが必要だ。

| ルール 10 | **ボーク②
ピッチャーがプレートを踏んでいない** |

プレートに足が触れていない状態で、投球動作に入るとボーク。

肩をまわすなど、まぎらわしい動作もボークの対象。

モーションに入ったらボーク

　ピッチャーは、バッターに対してボールを投げるとき、軸足でピッチャープレートを踏んでいなければ、ボークを取られる。このとき注意したいのが、実際にまだ、ボールを投げていなくても、投球モーションに入ったと審判が判断するようなまぎらわしい動きをすると、ボークになることだ。またプレートの前側は、投球によって深く掘られることも多い。両チームと審判団の試合前の合意があれば、その場合は少しくらい足が離れていてもボークになることはない。

 **まぎらわしい動作は
ボークの可能性あり**

　ピッチャーがプレートを踏まずに投球動作に入ったらボークになる。プレートから軸足を離していても、肩を回すなどのまぎらわしい動作をした場合にはボークをとられる可能性がある。

ルール11 ボーク③ 完全静止を怠る

体の前で手を合わせた状態で静止する。　完全に静止してから投球動作に入る。

完全に静止する

　ピッチャーは投球の際、一度セットポジションをとったら、体の前でボールをキープした状態で、完全に静止することが義務付けられている。静止しなかったと見なされると、ボーク。ボークの中でも多いのがこのケースで、投球のテンポを変えようとするときなどに取られやすい。なお体の前で両手をキープできるのは一度だけで二度はボークとなる。

ジャッジのコツ　完全静止の時間は球審の自主判断

　静止しているかどうかはグラブだけではなく、足の細かい動きなど、ピッチャーの身体全体をしっかり見て判断する。

ルール12 ボーク④ 肩が動く

両手を体の前で合わせたら、静止をする。

上半身を捻って、肩が動くとボーク。

肩が動くとボーク

　セットポジションに入ったピッチャーは、投球の前に体の前でボールをキープしたら完全静止をしなければならない。このとき各塁上のランナーの様子を見るのに動かしていいのは、首から上だけ。けん制球を投げる前に肩が走者の方向に動いたときはボークになり、送球するときは、腰や足、身体全体を塁の方向に踏み出さなければならない。

ジャッジのコツ　判断は見やすい位置にいる審判が行う

ピッチャーがセットポジションに入った場合、肩が動いてボークになるという判断は球審・塁審どちらでもかまわない。

ルール13 ボーク⑤ ボールを落とす

塁にランナーがいるときは、両手を合わせセットポジションに入る。

投球動作の途中でボールを落としたらボークとなることもある。

ボールを落とすとボーク

ワインドアップ、セットポジションにかかわらず、ランナーなしの場面、投球のためにピッチャーが腕を振ってボールを落とすと、そのボールがファウルラインより手前で止まればノーカウントだが、越えるとボールがカウントされる。またランナーが塁にいる場面では、ボールがファウルラインを越えればボールだが、越えなければボークとなり、ランナーにはそれぞれ一個の進塁権が与えられる。

ジャッジのコツ 腕を振ったかどうかで判断する

ボールを落としたときに「その場で落としたのか」「投球で腕を振って落としたのか」がポイント。前者はボークだが、ボールの握りが甘くて落ちてしまう後者のプレーはノーカウントまたはボールとジャッジされる。

ルール14 ボーク⑥ サインの見かた、プレートのはずし方

サインを見る際は、プレートに触れていなければならない。

プレートをまたいで、サインを見ると注意が与えられる。

プレートの使い方

　セットポジションをとったピッチャーは、両手を離してキャッチャーのサインを見た後、身体の前で両手をセットする。このときの動きは、中断することなく一連の動作で行わなければならない。サインが合わず、動きを中断した場合はボークになるが、その途中でサインが変わった場合は、そのまま軸足をピッチャープレートの後方にはずせばペナルティにはならない。

 ### サインは手の動きを停止して見る

　ピッチャーがキャッチャーのサインを見るときには、投げるほうの手はブラブラさせないで体の側面についていなければならない。

ルール15 ボーク⑦ セットポジションで取られやすいボーク

体の前で両手を合わせる。

NG グラブの中でボールを持ち直して、腕や肩が動く。

NG 一度合わせた両手を、離してしまう。

セットポジションの注意点

　ピッチャーはバッターに面して立ち、軸足をプレートの上に置くか、プレートの前縁に離れないようにピッタリとつける。また自由な足はプレートより前方に置いて、ボールを両手で前方に保持し、完全に動作を静止してから投球しなければならない。投球を中断する際は軸足をプレートの後方に外さなければならないが、投球するための動作を起したら、途中でやめたりせず、投球を完了しなければならない。

ジャッジのコツ プレートと投球動作に注意を払う

　ランナーがいないときの反則投球は「イリーガルピッチ」という。①プレートを踏まずに投球する。②バッターの準備前に投球するなど。

ルール16 ボーク⑧ バッターに正対せずに投げる

三塁方向に足を踏み出して投球動作に入っている。

バッターの方に足を踏み出さずに、そのまま投球するとボーク。

バッターに正対しているか

　ピッチャーが、バッターをごまかすような投球は禁じられている。投球する際には、バッター方向にステップする足をしっかり踏み出していることが条件となる。いかにもけん制球を投げるような感じで塁上にいるランナーの方を向き、バッターに向かずに突然身体を捻って、投球したときは、けん制球なのか投球なのかまぎらわしくなるためボークになる。

ジャッジのコツ **ピッチャーの足の踏み出しを注視する**

　自由な足が投げる方向に踏み出しているかどうかをしっかり確認する。足の踏み出しがバッターに向いているかどうかチェックする。

ルール17 ボーク⑨ 隠し球をしてプレートに触れる

ランナーに気付かれないように、ボールを持ってアウトにする隠し球。

ボールを持っていないのにプレートを踏んだり、プレートに近づくとボーク。

プレートから大きく離れていればOK。

隠し球のボーク

　ピッチャーが自分でボールを持っているかのように見せかけながらピッチャー以外の野手がボールを隠し持ち、ランナーが塁を離れたときにタッチすることを隠し球という。ただし、ピッチャーがボールを持っていないのに、プレートをまたいだり、キャッチャーとサインの交換をするなどの投球動作をした場合(偽装)はボークとなる。隠し球は反則ではなくトリックプレーとして一般には広く普及している。

ジャッジのコツ　ボールの位置を必ず確認する

　審判が隠し球に気付かなければ、ランナーにタッチしたかどうかもジャッジできない。常にボールがどこにあるかをしっかり見ておくことが大切。

| ルール 18 | ボーク⑩ バッターが構える前に投げる |

バッターの準備が整っていないのに投げることは許されない。　バッターは自分のタイミングで、バットを構えることができる。

準備できていないバッターに投げてはダメ

　バッターがバットを下ろして構えていなかったり、足元をならして準備をしているときにボールを投げると、バッターの意表をついたと見なされて、クイックピッチ（またはクイックリターンピッチ）という反則投球になる。その場合、たとえ投げたボールが「ストライク」でも、ランナーがいなければ「ボール」になり、ランナーがいればボークが宣告されて、一個の進塁が認められる。

 ピッチャーとバッターの動きに注意

　バッターが完全に打撃姿勢に入ってからでないとピッチャーは投球できない。バッターがしっかり構える前に投球してないかをしっかり見る。バッターが意図的にじらしたりしていると判断すればバッターに対して注意する。

ボーク⑪
塁に足を踏み出さないけん制

足をまっすぐに上げる。

けん制する塁に足を踏み出さなければならない。

塁に足を向けてけん制球を投げる

　ピッチャープレートに触れているピッチャーがけん制球を投げるときは、かならず軸足ではない方の足を、その塁に向けてから投げなければならない。足をバッターの方に向けたまま、体だけひねって投げたり、上半身や手が先に動き、後から足を踏み出して投げるとボークになる。わずかでも軸足でない方の足を、しっかりと塁に向けて踏み出したことが認められれば、ボークとはならない。

ジャッジのコツ 踏み出す足の距離を確認する

　けん制球では足の踏み出す方向と距離をしっかり確認する。距離的には一足分ほどは踏み出してから投げなければならず、元の位置に戻してないかもチェックする。

ルール20 ボーク⑫ 足がプレート後ろに出たけん制

足を上げて投球動作に入る。

足がプレート後方に出ると、一・三塁にけん制球は投げられない。

一・三塁へのけん制球がボークとなるケース

ピッチャーが軸足と反対の足を上げて投球動作に入ったとき、その足が二塁寄りのプレート後方のラインを出てしまうと、バッターへの投球か、二塁へのけん制球しか投げられない。その状態から一塁か三塁にけん制球を投げると、ただちにボークを宣告される。このルールのポイントはプレートの後方に出てはいけないのが「ツマ先」であっても適用されること。

ジャッジのコツ 一・三塁塁審は自由な足をしっかりと見る

足が出たかどうかは、球審よりも一・三塁の塁審の方が見やすい。塁審は、足がプレート後方に出た後に、ピッチャーが一・三塁にけん制球を投げたらボークを宣告する。

ボーク⑬ ランナーのいない塁へのけん制

ルール 21 / 2 バッテリー

ランナーのいない塁に、ボールを投げるとボークになる。

ランナーのいない塁へ投げてはダメ

　けん制球は、ランナーの盗塁を防ぐ目的がなければならない。そのため、プレートに触れたピッチャーが、ランナーのいない塁へ投げるとボークが宣告される。また、一塁にランナーがいる場合に、前進守備をしているファーストに投げたり、二塁にランナーがいるときに、ベースカバーに入っていないセカンドやショートにけん制球を投げてもボーク。ベースから離れている野手へのけん制球もボークと見なされる。

 POINT CHECK プレーに関係ないけん制球は×

　ピッチャーはランナーのいない塁だけでなく、塁から離れている野手に送球してもボークになる。ただし、塁から離れている野手でも、ランナーのいる塁に走っていって盗塁を防ごうとしているなど、プレーに関わっていると見なされれば、けん制球を受けてもボークにならない。

ルール22 ボーク⑭ 一・三塁への偽投

一・三塁に偽投からけん制球を投げるときは、プレートを外す。

一・三塁に偽投するときは、プレートを外さなければならない。

プレートに足をつけた偽投は二塁のみ

　偽投とは投げる真似だけをして、ランナーをけん制するテクニックだ。プレートから足を外していれば制約はないが、プレートに足を触れた状態での偽投は、二塁しかできない。一塁と三塁への偽投は、右投げ左投げに関わらずボークを宣告される。ランナー一・三塁のケースで三塁に偽投後、振り向きざまに一塁にけん制球を投げた場合、最初に軸足をプレートから外していればボークとならない。

野球豆知識　偽投に関するルールの変遷

　偽投のルールは段階的に改正されてきた。当初は一塁への偽投は認められていたが、二塁への盗塁が難しくなるため禁止となった。2014年には試合のスピードアップ化をはかるなどの理由で三塁への偽投も禁止された。

ルール23 ボーク⑮ ボークで暴投したとき

ピッチャーがプレートに触れていたかどうかで、進塁数が変わる。

暴投はボールデッド

けん制球が悪送球になってグランドの外に出てしまったとしても、ランナーは好きなだけ進塁できるわけではない。この場合は、ボールデッドとなって一個の進塁が与えられる。なお、ピッチャープレートを踏んでいない状態で投げたけん制球だと、ピッチャーは野手と見なされるので、与えられる進塁は二個になる。プレートに触れているかいないかで、与えられる塁の数が変わることがポイントだ。

 球場の状態でローカルルールを採用

日本では学校や河川敷などフェンスがないところで試合をすることが多いため、ボールがグラウンドの外に出たら一個の進塁権が与えられるのが普通だが、本来は上記のようにピッチャーがプレートを踏んでいるかどうかで与えられる塁の数が違ってくる。

ルール24 ロージンバッグ

ロージンバッグは、指で押さえ付けるようにして使う。

つまんで持ち上げるのもかまわない。

雨のときなどはポケットに入れて使う。

ロージンバッグの使い方

　ロージン粉末を付けることが許されるのは素手だけに限られ、手以外の身体やユニフォーム、グラブやボールにふりかけることはできない。置き場所はプレートの後方と定められており、置いてある粉袋に手を触れるのが基本だが、持ち上げてもルール上は問題ない。雨や競技場が湿っていて品質が劣化する心配があるときは、両チームのピッチャーが尻ポケットに入れ、一個のロージンバッグを交互に使う。

野球豆知識　ロージンバッグの日米比較

　ロージンバッグの大きさやロージンの粉の量に関する決まりは特別ない。アメリカのロージンバッグは日本にくらべて厚くて大きく豆腐のようなサイズだが、粉は日本ほど出ないようになっている。

ルール25 ピッチャー交代① ピッチャー交代が認められる条件

交代は、ボールデッドの状態のときに行われる。

ピッチャーの交代

　審判に提出されたメンバー表・打順表に記されているピッチャーは、第一打者、あるいは代打者がアウトになるか一塁に進むまでは投球を続けなければならない。試合開始の前に、そのピッチャーが急に病気になったり負傷して投球ができなくなったと審判が認めた場合はそのかぎりではない。交代したピッチャーもバッターがアウトになるか、一塁に達するか、攻守交代になるまで投球しなければならない。

 POINT CHECK ピッチャーと野手の交代は何回でも可能

　ゲーム中にピッチャーと野手間は何回でも交代することができるが、ベンチに一度下がってしまえば交代はできない。学童野球の場合は特別に許されるケースもある。

ルール26 ピッチャー交代②
ピッチャーのところに2回行ったら交代

1イニングで2回、監督がピッチャーのもとに行くと、自動的に交代。

ピッチャー交代と監督・コーチ

　監督またはコーチが1イニングに同一ピッチャーのもとに二度行くと、そのピッチャーは自動的に試合から退かなければならない。また、監督またはコーチは、その時のバッターが打撃を続けているかぎり、ふたたびそのピッチャーのところへは行くことができないが、代打者が出た場合は行ってもよい。

 交代を意味する境界を確認する

　大リーグではかつてマウンドと内野、つまり土と芝生の境がピッチャー交代をマウンドに行ったという意味の境界としていた。日本の場合はラインを境界にするケースが多く、どこまで行ったらマウンドに行ったとみなされるかは事前に確認する。

ルール27 キャッチャーの装備

表
- キャッチャーマスク
- プロテクター
- レガース
- キャッチャーミット

ボールや接触プレーから身を守るため、キャッチャーは防具をつける。

裏
- ヘルメット

頭にはキャッチャーマスクの下に、ヘルメットをかぶる。

キャッチャーは防具をつける

　キャッチャーミットはキャッチャーが指を痛めたりしないように他の野手のグラブよりも分厚くできている。規定ではタテ15・5インチ(39・4センチ)以下、ウエブ(網)の先端の幅7インチ(17・8センチ)以下、外周38インチ(96・5センチ)以内。バッターのバットにかすったボールをまともに受けたり、ランナーと身体ごと接触する危険が伴うため、キャッチャー用ヘルメット(マスク)とレガースも装備する。

 投球練習を受けるキャッチャーの安全対策

　イニング間の投球練習は、控えの選手が受けることができる。2016年からはケガを防止するため、ブルペンを含む投球練習を受けるキャッチャーのヘルメットとマスクの着用がルール化されている。

ルール28 キャッチャーの構え サインの出し方など

キャッチャーの基本の構え

足の間から、手や指を使ってサインを出す。

キャッチャーの構え、サインの出し方

　キャッチャーの構え方について、ルールブックでは特に言及していない。そのため構え方には胸を張ってどっしりとしたタイプ、ヒザをついて斜めに構えるタイプなどさまざまだ。またキャッチャーは足の間から手の向きや指の動きを使ってサインを出すことがあるが、二塁ランナーやコーチスボックスから見られないよう工夫が必要。

ベースボールマナー講座　試合の円滑化が基本

　キャッチャーがサインを出す場合、サインの交換が長くなり試合の流れを損なうことがないようにしなければならない。二塁ランナーがサインを盗みバッターにシグナルなど送ることはマナーとして許されない。

ルール29 キャッチャーボックス

キャッチャーはキャッチャーボックス内に位置する。

キャッチャーボックスでの移動

キャッチャーは本塁の後ろに位置していなければならない。ボールがピッチャーの手を離れるまで、両足をキャッチャーボックス内に置かなければならず、ランナーがいる場合は違反するとボークになる。ただし、ピッチャーの手からボールが離れたら、ボックスを出てプレーをしてもよい。

 POINT CHECK キャッチャーボックスの判断は臨機応変に

故意四球ではピッチャーがボールを手から離すまではキャッチャーボックスの中にいなければならないが、厳密ではなく微妙な場合は許されている。ただし意図的に投球前からボックスから出てはいけない。

ルール30 打撃妨害

バットがミットに当たることは打撃妨害になるが、キャッチャー自身も非常に危険である。

バッターに対する妨害行為

　キャッチャーがバッターやバッターのバットに触れたり、ミットをはじめ、キャッチャーが身につけている装備が触れると打撃妨害となり、バッターには一塁への進塁が与えられる。プレー中に、キャッチャーがボールを持たずに本塁上または本塁から前に出たとき、あるいはバッターが打つ前にキャッチャーまたは野手が投球を本塁または本塁より前で捕球した場合にも打撃妨害となる。

> **ジャッジのコツ** バッターとキャッチャーの距離を確認する
>
> 　バットとミットが接触したかどうかは音で聞き分けることが多いが、キャッチャーとバッターの距離をあらかじめしっかり見ておくようにする。

ルール31 本塁での衝突プレーの防止

ボールを持っているか、捕球体勢であれば走塁妨害にならない。

守備のためなら、ベースの前に立ってもかまわない。

ベースをまたいで守ってはならない。

ランナーに対する妨害行為

キャッチャーはボールを持たずに、得点しようとしているランナーの進路をふさぐことはできない。また、ベースラインは走路のため、野手からの送球を捕球する目的でふさわしい位置を確保するとき、あるいはボールを持っているときにしか塁線上にいることができない。しかし2016年のルール改正により、ボールを持っていてもランナーの走路に入り、ベース前に立つことは公認野球規則では原則禁止としている。

POINT CHECK 激しいタッチやブロックの禁止

公認野球規則では「捕手は滑り込んでくる走者に触球するとき、不必要かつ激しい接触を避けるために最大限の努力をしなければならない」としている。すなわち激しいタッチやブロックなどの行為を禁じているのだ。

ルール 32 バッターランナーとの接触

ボールを追うキャッチャーとランナーがぶつかるのは、試合でよくあるケース。

守備妨害または走塁妨害

　バントなどでキャッチャーとバッターランナーが交錯する場合、バッターランナーがためらうことなく一塁方向に走り出したら接触しても守備妨害にはならないが、バッターが一塁に走らずにキャッチャーの守備を妨害、またはその意思があった場合はアウトになる。逆に一塁方向に走り出したバッターランナーを押しのけてキャッチャーがボールを取りにいって接触したら、走塁妨害となり出塁が許される。

ジャッジのコツ 接触だけでは判断できない

接触したからといって、必ずしもどちらかが妨害になるということではない。手で相手を押すなど、明らかに妨害の意図があったかどうかで判断する。

ルール33 捕球でミットを動かす

判定が微妙なボールをキャッチする。

ミットを動かして、有利な判定にしようとしてはならない。

ミットの位置とストライクの判定

　ストライクゾーンは「バッターの肩の上部とユニフォームのズボンの上部との中間点に引いた水平のラインを上限とし、ヒザ頭の下部のラインを下限とする本塁上の空間」と定められている。球審からはキャッチャーミットが見えにくいと考えて、ゾーンをはずれたボールをストライクに見せかけようと動かす場合があるが、逆に、微妙なコースでもその行為が極端なときはボールの判定を下される可能性もある。

ジャッジのコツ

ミットの動きにごまかされない

　惑わされないよう、最初にボールを捕球した位置をしっかり確認する。あまりミットの動かし方が激しくジャッジしにくい場合には注意してもよい。

ルール 34 審判との接触

キャッチャーが審判に、送球を妨害されたらランナーは戻される。

審判との接触

　審判が送球と接触したり、キャッチャー以外の野手やランナーと接触してもプレーはそのまま続行されるが、球審がキャッチャーの送球動作を妨害した場合、各ランナーは戻り、キャッチャーの送球がランナーをアウトにした場合には妨害がなかったものとする。また、スリーストライク目の投球が審判かキャッチャーのマスクまたは用具に挟まって止ってしまった場合には一個の塁が与えられる。

ジャッジのコツ　球審とキャッチャーの距離

　キャッチャーとの接触を恐れるあまり、距離をとりすぎている球審がいる。キャッチャーの左足カカト延長線上に左足を置き、右足を45度開くことで適正な距離を維持でき、ジャッジがしやすくなる。

ルール35 三振(スイング後の落球)

バッターが三振後に、キャッチャーがボールを落とす。

すぐにボールをつかんで、バッターに触れるとアウト。

一塁への送球が、バッターよりも先に到達してもアウト。

三振後の落球で打者は走者となる

　三振したがキャッチャーがボールを落球、あるいはバウンドした後に捕球した場合、バッターはランナーとなって一塁に向かうチャンスが生まれるケースがある。俗に「振り逃げ」とよばれるこのルールが適用されるのは、無死か一死で一塁にランナーがいないときか、二死の場合に限られ、バッターランナーをアウトにするにはタッチをするか、バッターランナーより先に一塁に送球しなければならない。

 振らなくても逃げられる

　「振り逃げ」という言葉はルールブックには載ってない。振っても振らなくても、3ストライク目をキャッチャーが落とせば、一塁に走るチャンスがある。

ルール36 タイムの回数

バッテリー間の意思の疎通をはかるには、タイムを取って直接話すことも大事。

タイム回数はローカル・ルール

　公式野球規則では、タイムの回数についての制限はなく、ルール上の遅延行為とみなされないかぎりは何回でもタイムをとることができる。ただし少年野球や高校野球では、監督の指示を伝える伝令はマウンドに行ける回数を1試合に3回までとしている。内野手が2人以上マウンドに行った場合は1回としてカウントし、試合が延長回に入ったときは、毎イニング1回伝令を使うことができる。

 タイムの時間

　ルール上の規則はないが、試合時間に制限がある試合の場合は、タイムの時間をできるだけ短くするようにこころがける。

COLUMN ● 審判こぼれ話2

「ベースボール」と「野球」の違い

アメリカの「ベースボール」と日本の「野球」は同じ競技ですが、違うところがたくさんあります。ただ、アメリカの「ルールブック」をもとに、日本の「野球規則」は作られ、日本独自の解釈をする部分もあり、日本の方がより細かく決められているといっても過言ではありません。

アメリカのアマチュア野球は、子どもから大人まで、リーグ戦で行われることがほとんどです。大学では、シーズン中に公式戦を50〜60試合行うことも珍しくなく、その上位にランクする大学同士が、はじめてトーナメント戦を行うことになります。

かたや日本はというと、高校野球に代表されるように、小さな大会でも、ほとんどがトーナメントです。つまり、アメリカは負けることが許される文化であり、日本は負けることが許されない文化と言えるのです。

子どもたちにとって、試合は何よりの楽しみです。練習試合でもよいので、数多く試合を経験してもらい、たくさんの子供たちに試合に出る喜びを味わってもらうことが大切です。そして審判も、失敗を恐れず、練習試合をどんどん経験して、自分の技術を高めていくことが必要です。

PART 3

バッターの基本ルール

ルール 01 バッターの装備

バッターはヘルメットをかぶり、バットを持って打席に立つ。

ポケットから手袋などが出ているのはNG。

バッターボックスに立ちバットをかまえる

　バッターは、試合前に交換されたメンバー表に書かれた打順通りに、バットを持ち、ヘルメットをかぶってバッターボックスに入る。前の人の打順を追い越し、それを相手チームに指摘されると、前の打順の人はアウトとなる。また、故意にバッターボックスに入らなかったり、バットをかまえないような場合には、球審の指示によりピッチャーから投げられた投球は全てストライクと判定される。

ベースボールマナー講座　帽子や手袋はポケットからはみ出さない

　帽子や手袋は、ポケットからはみ出さないようしっかりしまい込む。ポケットから出てブラブラしている帽子にボールが当たることがあるので注意が必要だ。

ルール 02 バッターボックス

バッターはボックス内に立って、バットを構える。

打つときはラインを踏んでいても OK。

構えたときは、すべての足の部分がラインを含む内側になければならない。

バッターボックスから出て打つとアウト

　バッターはバッターボックス内であれば、好きなところに立って構えられるが、打つときにバッターボックスから完全に足が出てしまうと、反則行為となりアウトとなる。ただし、ラインを踏んで打ってもアウトにはならない。バントも同様で、スクイズなどランナーがいる場合には、バッターはアウト、ボールデッドとなりランナーはもとの塁に戻ることになる。

ジャッジのコツ

事前にバッターの位置を確認

　ボールを打った後に足が出たり、足がラインに一部でも残っていればよいが、球審は最初にバッターがどこに立っているかをしっかり確認しておくことが大事。

ルール 03 左右バッターボックスの変更

右のバッターボックス。

左のバッターボックス。

1打席中、左右ボックスは何度も変えられる

バッターはピッチャーが投球動作に入る前であれば、アウトカウントやストライクカウントに関係なく、1打席中に何度でも左右の打席を変える事ができる。ただし、ピッチャーがプレートの上に立った時から投球動作に入ったと見なされるので、それ以降にバッターボックスを変わると反則行為となりアウトとなる。ちなみに、左右どちらでも打つ事ができるバッターをスイッチヒッターという。

ジャッジのコツ 投球直前の変更はさせない

ピッチャーが投げる直前にバッターボックスを変えさせない。バッターボックスの変更は、遅くともピッチャーがプレートに足をかける前に行わせるようにする。

ストライクゾーンと カウント

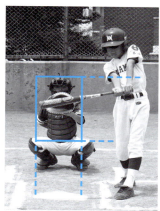

ボールの一部が、ベース上の空間を通過するとストライク。

ストライクゾーンは、打つときの姿勢が基本となる。

スリーストライクでバッターアウト

　ストライクゾーンとは、バッターの肩の上とズボンの上部との中間点に引いたラインを上限とし、ヒザ頭の下部のラインを下限とするホームベース上の空間。ボールがこの空間を一部でもかすめればストライクでそれ以外はボールだ。また空振りしてもストライクとなり、3ストライクでバッターはアウト。また3ストライクよりも前に、ボールが4つになるとフォアボール。バッターは一塁に進むことができる。

ジャッジの コツ ストライクを多くするよう心がける

　プロ野球と少年野球でストライクゾーンが同じである必要はない。きわどいボールはなるべくストライクをコールして、試合をどんどん進めていこう。

ルール05 ストライクゾーンの範囲

背伸びをしても、ストライクゾーンに変化はない。

腰を落としても同じように、ストライクゾーンは変わらない。

ストライクゾーンは変える事ができない

背の高さの違いからストライクゾーンに大小の差はあるが、バッターが自分からストライクゾーンを変える事はできない。高めに来た投球をボールにしようとしゃがんでみても、逆に低めの投球をボールにしようと背伸びをしても、球審は、そのバッターが投球をまさに打つ時の姿勢からストライクゾーンを見きわめているので、投球が、そのストライクゾーンを通過すればストライクと判定されるのだ。

ジャッジのコツ インパクト時の姿勢がゾーンの基準

バッターが構えたときの姿勢ではなく、打とうとしているときの姿勢を基準にストライクゾーンの高低位置を決める。

ルール 06 ハーフスイング

どこまでバットが回ったらストライク、といった定義はない。

球審がスイングと判定すればストライク

バッターが途中でスイングをやめるハーフスイングには、明確な定義はない。一般的には手首が返るとスイングと見なされているようだが、球審がスイングと判定すれば、手首が返っていなくてもストライクとなる。ただし、球審がボールと判定した場合には、守備側のキャッチャー、または監督が球審に対してハーフスイングかどうか塁審に確認する要請ができ、塁審が判定する。

ジャッジのコツ

球審は左手で塁審に判断を要請

球審がスイングについての判断を塁審に要請するときは、右手ではなく必ず左手を使って指示する。最終決定は要請された塁審が行う。

ルール 07 フライとライナー

ライナー

直線的な鋭い打球はライナー。

フライ

打球がゆるい山なりの軌道はフライ。

ファウルゾーンでも直接捕球はアウト

打球が1度でもグラウンドに接地し、そのボールがファウルボールだと判定されないかぎり、一塁まで走る事でバッターのアウト、セーフの判定が決まる。しかし、大きく上空に上がるフライやまっすぐ飛ぶライナーなど、グラウンドに打球が接地しない場合、フェアゾーンでもファウルゾーンでも関係なく、ピッチャーやキャッチャーも含めた全ての野手に直接捕球されてしまうと、そのバッターはアウトになる。

野球豆知識 審判の主観で判断

インフィールドフライはフライかライナーかの基準ではなく、「野手が確実に補球できるだろう」という打球に対して宣告する。そのためハーフライナーのような打球であっても、インフィールドフライとなることもある。

ルール 08 インフィールドフライ

内野フライを打ち上げると、インフィールドフライとなるケースがある。

インフィールドフライはバッターアウト

　アウトカウントが無死か一死で、ランナーが一塁・二塁、または満塁のケースで、バッターがフェアの内野フライを打ち上げ、審判がそのフライを内野手が普通の守備行為で捕球できると判断した場合、捕球する前に審判からインフィールドフライが宣告され、バッターはアウトとなる。これは、故意の落球によるダブルプレーを防ぐためのルールだ。インフィールドフライはライナーとバント、ファウルフライには適用されない。

ジャッジのコツ　気象状況を念頭に置く

　普通に守備をすれば捕球できる打球といっても、強い風や雨、守備体系などによってインフィールドフライのコールができないケースもあるので臨機応変に判断する。

ルール 09 ファウルボールとファウルチップ

前に飛ばずに、足元や後ろに飛んだボールはファウルボール。

バットをかすったボールが、直接ミットに収まるとファウルチップ。

ファウルとファウルチップは違うもの

ファウルとファウルチップは大きく違う。ファウルはファウルゾーンに飛んだ打球の事で、ライナーやフライを野手に直接捕球されなければ、ボールデッドとなり、ランナーがいる場合は元の塁に戻される。しかし、ファウルチップとは、バッターが打ったボールが鋭くバットからキャッチャーのミットに飛んで、正規に捕球されたものを言い、ボールデッドにはならずに、ランナーが元の塁に戻される事はない。

 ボールの回転をうまく見きわめる

軟球の場合は、スピンがかかって低くボールが上がり、ファウルかファウルチップかの判断がしにくい場合があるので、しっかりと判定を下す。

ルール10 2ストライク後のファウルチップを捕球された場合

バットをかすったボールが、直接ミットに収まるとファウルチップ。

2ストライク以降でのファウルチップは三振となる。

2ストライク後のファウルチップは三振

　ファウルもファウルチップもストライクとカウントされるが、ファウルは2ストライクからはカウントされない。しかし、2ストライク後のファウルチップはカウントされ三振となるので注意。ファウルチップは捕球された時に成立するが、キャッチャーの手やミットに当たった後に、キャッチャーの体やマスク、プロテクターなどに当たり、はね返った球を地面に付く前に捕球した場合はファウルチップとみなされる。

POINT CHECK ボールの動きをしっかり追う

　ボールがミットに当たった後に、他のどこにも触れずに、地面に付く前に捕球するのがファウルチップ。手やミットでなく、最初に体やマスクに触れた後に捕球された場合はファウルとなる。

ルール 11 振り逃げ

キャッチャーが捕逸すれば、三振しても進塁できるチャンスがある。

空振り三振でも出塁することができる

　無死、または一死でランナーが一塁にいないか、二死の場合に、キャッチャーが補逸、正規の捕球ができていない場合に振り逃げが成立し、タッチされずに一塁への送球より先に到達すれば、出塁が認められる。一塁にランナーがいる場合に認められないのは、キャッチャーがわざと落としての併殺プレーを防ぐため。そのため、二死の場合には、一塁にランナーがいても振り逃げが成立するのだ。

ジャッジのコツ　**キャッチャーの捕球をしっかり確認**

　球審からはキャッチャーミットの動きが見にくいため、実際にボールを捕球したかどうかをしっかりと見きわめてからコールする。

ルール12 バットを振らない振り逃げ

キャッチャーがボールを落とすと、バッターはアウトになっていない状態。

バッターはいわゆる「振り逃げ」で一塁に進むチャンスが生まれる。

見逃しの三振でも振り逃げになる

もともと野球規則に「振り逃げ」という規定はない。ただし、バッターがアウトになる規約として、3ストライクと宣告された投球を、捕手が正規に捕球した場合とある。つまり、3ストライクの投球をキャッチャーが落とす、もしくはそらした場合は、三振だがまだアウトにはなっていない状態ということになる。そのため、振っても振らなくても振り逃げは成立するのだ。

野球豆知識 アメリカには振り逃げの言葉はない

バットを振った後に一塁に走るケースが多いため一般的に振り逃げと言うが、アメリカでは「ドロップ・サード・ストライク」つまり、3つ目のストライクをキャッチャーが落とすこととされ、スイング（振り）という言葉は出てこない。

ルール13 デッドボールでの進塁

よけようとしたボールが体に当たる。

バッターに、一塁への進塁権が与えられる。

デッドボールが成立する条件

　ピッチャーの投球が、バッターの体に当たるとデッドボールとなって、バッターランナーは一塁に出塁する。しかし、ピッチャーの投球がバッターに当たれば全てデッドボールになるというわけではない。ピッチャーの投球がストライクゾーンをはずれていて、さらにバッターが投球をさけようとしていた場合のみにデッドボールと判定される。バッターが故意にボールに当たりにいってもデッドボールにはならない。

ジャッジのコツ　ボールの音もジャッジの参考にする

　手に当たったかバットに当たったかが微妙なときは、審判からは見にくいので、目だけではなく音やボールのはね返り方も判断材料にする。

ルール14 ワンバウンドのボールがデッドボールになる

ワンバウンドでも、よけようとして当たったらデッドボール。

例えワンバウンドしても投球は投球

　ピッチャーの投げた投球が、ワンバウンドとなってバッターに当たってしまった場合、バッターが投球をよけようとして当たったのならば、デッドボールとなる。ボールが1度バウンドしたため、そこでプレーが止まり、ボールデッドだと間違えそうだが、ピッチャーの投げた球をキャッチャーが捕球するまでが投球になるため、打たれてホームランになる事もあれば、デッドボールにもなるのだ。

 ポケットにも注意を向ける

　バッターボックスに立った選手のポケットから帽子や手袋が出ている場合、デッドボールになりやすいので注意したほうがいい。ただし、ユニフォームの大きさについての決まりはない。

ルール 15 ワンバウンドのボールを打つ

正規の投球なら、どんなボールでも打つのはバッターの自由。

どんな投球を打ってもかまわない

　バッターによって得意なコースはさまざまだろう。内角や外角、高めや低め、ストライクだけではなく、ボールと判定されるようなコースでも、バッターは好きなコースを自由に打つ事ができる。それが例えば、思いがけずにワンバウンドするような投球を打ってしまったり、敬遠のため高めに大きくはずした投球を狙って打ったとしても、ルール上の問題はない。

野球豆知識　ワンバウンドを打った選手はいる?

　アメリカでも見たことがない珍しいケースだが、イチロー選手がオリックス時代に一度ワンバウンドのボールを打ち、ヒットになったことがあった。

ルール16 空振りしたバットがキャッチャーに当たる

当たったのがスイングの途中か後かで、判定が変わる。

スイング途中にミットに当たると打撃妨害

　特にランナーがいる場面で、キャッチャーが早く捕球、送球したいと考えるあまり、バッターに近づき過ぎてしまい、バットとミットが接触することもある。この場合、バッターがスイングの途中にミットに当たったのであれば、打撃妨害となり、バッターは一塁に出塁する。しかし、空振り後に当たった場合には、バッターにストライクが判定され、進塁していたランナーがいれば元の塁に戻される。

POINT CHECK キャッチャーの装備は完璧にする

　空振りした後、バッターがバットを放り投げるケースもあるので、キャッチャーは防具をしっかり身につけておく。バットが当たることによるケガが多いので注意が必要。

ルール17 ボークのボールを打つ

ボークのボールをヒットやホームランにしても、そのまま認められる。

ボークではバッターに有利な結果を優先

　ボークのボールを打ってヒットやホームランになった場合、そのままヒットやホームランとして続けられる。通常、ボークの罰則は、ランナーがいる時には塁上にいる全てのランナーの1つの進塁。いない場合には、ボークではなくバッターのボールカウントを1つ増やす。ピッチャーの反則行為は、打つことによりバッターに有利な結果が出た場合には、その結果が優先される。

 POINT CHECK ボークの瞬間はいつもタイムではない

　ピッチャーが投球動作を中断すれば別だが、ボークの瞬間はかならずしもタイムの状態ではなく、投球後もプレーは続行している。ボークのボールを打ってもホームランになれば、それは認められる。

ルール18 ボークのボールを空振り

ボーク後のプレーは、常にバッターに有利な結果が選択される。

ボークのボールを空振りしたらノーカウント

　ボークの投球をバッターが空振りした場合、その投球はノーカウントとなりストライクにはならない。ピッチャーのボークによるルールの適用は、あくまで塁上にいるランナーであり、バッターにはない。そのため塁上のランナーには1個の進塁が与えられ、バッターは投球がなかったものとされて、ボーク前のボールカウントで試合再開となる。

POINT CHECK　ボークのボールでも打ってよい

ボークがコールされた瞬間、バッターは途中でスイングを中断して見逃すケースが多いが、ボークの投球は打ってもかまわない。ボールデッドにはなっておらず、塁は1個まで保証され、それ以降の進塁はバッターランナーが判断して危険をおかして進んでもよい。

バントも通常のバッティングと同じ扱い。

3バント失敗はアウト

バントも通常のバッティングと同じで、ファウルもストライクにカウントされる。しかし2ストライク後にバントでファウルになると、通常のバッティングと違い、3ストライクとなり、いわゆる3バント失敗でアウトになる。このときボールデッドでランナーは元の塁に戻される。つまり、3バントとは3回バントができることではなく、どんな形であれ2ストライクを取られたあとのバントのことをいう。

 バントはスイングをしない打球

バントは「スイングをしないで内野にゆるく転がすように意識的にミートした打球」と定義されており、バットと手の位置などには関係がない。バットを上から下に振り下ろせばスイングとみなされる。

ルール20 スクイズの打撃妨害

スクイズでの打撃妨害は、ボークと打撃妨害、どちらの処置も取られる。

通常の打撃妨害の処置とは異なる

　スクイズの時の打撃妨害というと、ピッチャーの投球をホームベース前でキャッチャーや野手が捕ってしまったり、バッターに触ってしまったりする事が考えられる。このようなスクイズ時の打撃妨害は、通常の打撃妨害の処置とは異なり、まずピッチャーのボークが適用されて、三塁ランナーを含めた塁上すべてのランナーが1つずつ進塁したうえで、打撃妨害によりバッターランナーも一塁に出塁する。

 POINT CHECK スクイズでの妨害はペナルティが重い

　スクイズをさせないように打撃妨害するのはペナルティが重く、塁上のすべてのランナーが進塁できる。

ルール21 打順を間違えた

打順の間違いは相手側のアピールで成立する。

間違えられたバッターがアウトになる

　もし、打順を間違えて、打席に入って打ってしまっても、相手チームに気づかれなければ問題はない。ただし、相手チームが気づいて、アピールがあった場合、間違えたバッターの打席が完了していたら、間違えられたバッターがアウトになる。もしも、そのバッターの打席が終了していなければ、その途中のカウントをひきついで、正しい打順のバッターが打席に立つ事になる。

 POINT CHECK 相手チームのアピール後の処置

　打順間違いに気がついた相手チームのアピールは、不正位打者の打撃完了直後が条件。アピールの結果、そのバッターの打撃や四死球によるランナーの進塁は取り消されるが、バッテリーミスによる進塁は取り消されない。

ルール 22 代走

ボールデッドのときに、代走が認められる。

ホームランにも代走を送ることができる

　ボールデッドの時には代走が認められ、どの塁上のランナーも、まだ試合に出場していない控えの選手と交代することができる。1度代走と交代すると、以後その試合に出場することはできなくなり、その選手の打順は代走として交代した選手が引き継ぐことになる。ホームランの場合でもケガなどの理由で、ランナーが進めなくなったときなど、打ったバッターランナーを含め、塁上全てのランナーに代走を送ることができる。

POINT CHECK　ケガ人を無理をさせない

　デッドボールなど、ケガによって身動きができないといった緊急の場合は、無理矢理その選手を一塁には行かせず、代走を塁上に立たせた方がよい。

ルール23 ネクストバッターズサークルでの守備妨害

ネクストバッターズサークルの選手も、守備妨害の対象になる。

キャッチャー捕球の邪魔は守備妨害

　キャッチャーフライがネクストバッターズサークルの方向にあがり、もしも故意やよそ見をしていて、次バッターがキャッチャーとぶつかってしまい、フライを落としてしまうと、妨害となり打ったバッターはアウトとなる。滑り止めのスプレー缶が放置され、野手がそれを踏んで飛球を補れかったようなケースでも守備妨害は成立する。これはコーチスボックスやダッグアウト内も同じでことで、攻撃側の選手はどこにいても守備を妨げてはいけない。

 サークル内では待機の姿勢をとる

　高校野球などではヒザをついて待つのが基本とされるが、スイングや屈伸運動、柔軟体操などをしてもかまわない。次のバッターはかならずサークルに入り、打球が飛んできたら避けるようにする。

ルール24 打った後の走塁

ベースは常に左回りで、順番に回る。

バッターは打ったら一塁に向かって走る

バッターは投球を打ったら一塁に向かって走らなければならない。その後は状況に応じて、一塁から二塁、三塁、本塁の順に走る。直接二塁や三塁に走ることはできない。また、戻る場合にも、三塁、二塁、一塁の順に戻らなければならない。ただし、ファウル後のボールデッド中は直接帰塁できる。

 POINT CHECK ベースを踏んだかをしっかり確認する

ベースを踏みそこねても、守備側からのアピールがなければそのまま走塁は認められる。審判はランナーの触塁をしっかり確認しておく。

ルール 25 バットを構えない、バッターボックスから出る

わざと構えなかった場合の投球は、すべてストライク。

バッターボックスを勝手に出てはいけない

1度バッターボックスに入り構えたら、勝手にバッターボックスから出ることは認められない。ピッチャーが投球動作に入る前なら、審判にタイムを要求し、バッターボックスをはずせるが、ワインドアップポジションやセットポジションを取った時点でタイムは認められず、通常のストライク、ボールの判定がされる。また、バットをわざと構えなかった場合の投球は、全てストライクと判定される。

 打撃の準備を整える

バッターはバッターボックスに入ったら、打撃姿勢を取らなければならない。バッターボックスの外で構えても、ピッチャーは投球できない。

ルール26 ファウルボールは何球まで?

ツーストライク以降のファウルは、カウントが動かない。

ファウルは何球打ってもアウトにならない

　ファウルはストライクとカウントされるが、何球打っても2ストライクからは変わらない。また、ファウルゾーンに飛んだ、ライナーやフライが野手にキャッチされなければ、何球打ってもアウトになることはない。打ち損じのイメージが強いファウルだが、何回も打つ事でピッチャーとのタイミングを合わせたり、また、ピッチャーに多くの球数を投げさせるなどの、作戦的な一面もある。

POINT CHECK　守備位置についたかを確認する

　ファウルボールを追いかけた野手が守備位置にも戻ったかどうかを見きわめてからプレーを再開する。審判は野手が守備位置に戻るまではピッチャーに投球させるべきではない。

ルール 27 ツーストライクでデッドボールを空振り

たとえ体に当たるような投球でも、打ちにいって空振りするとストライクだ。

デッドボールの空振りはストライク

2ストライクに追い込まれたバッターは、どんな球にも食らいついて打とうとするが、そんな時にインコースの球が抜けてデッドボールとなっても、バットが止まらず、振ってしまうケースがある。バッターは体に当たったのだからデッドボールだと言いたいところだが、判定はストライクで三振となるのがルール。たとえ体に当たっても、そのボールを打ちに行ったと見なされれば、スイングが取られるのだ。

 バッターに当たった瞬間タイムとなる

このケースにおいて、投球がバッターに当たった瞬間ボールデッドとなり、ランナーがいれば進塁できない。

ルール28 サインをのぞく

サインをのぞくことは、ルールというよりマナーの問題。

サインのぞきはアンフェアな行為

　相手ピッチャーのコントロールがよく、手も足も出ないので、少しでも球種やコースが分かればと、キャッチャーのサインをのぞいたところ、相手方の野手に「キャッチャーのサインをのぞいたからアウトだ」アピールされた。確かにとてもずるい行為に見えるが、ルール上はペナルティの対象にはならない。サインをのぞく事に罰則規定はない。しかし、とてもアンフェアな行為だ。

ベースボールマナー講座 **キャッチャーのサイン盗みは禁止**

　二塁ランナーがキャッチャーのサインを盗み、バッターになんらかのシグナルを送ることはできない。コーチャーからのシグナルもマナーに反するため、こうした行為に対して審判は注意する。

ルール29 バットがすっぽ抜けて守備の邪魔をする

野手の守備を妨害したと見なされるとアウト。

わざとじゃなくても守備妨害でアウト

打った瞬間にバットがすっぽ抜けてしまった。ボテボテの内野ゴロだったので、一塁まで懸命に走り、送球より早く到達したが、なぜか判定はアウト。これは、すっぽ抜けたバットが内野手の守備を邪魔したと判断されて、守備妨害を取られたため。わざとであるかないかはこの場合関係ない。守備に関係ない場所にバットがすっぽ抜けた場合は、守備妨害にはならない。

 折れたバットにペナルティはない

バット全体がすっぽ抜けて守備を妨害した場合、バッターはアウトになるが、折れたバットが邪魔をしたときは、ペナルティはない。

ルール30 フェアボールがバッターに当たる

バッターは、自分が打ったボールにも気をつけないとアウトになる。

打者走者がフェアボールに触れるとアウト

打球は、回転がかかっているため、思いもよらないバウンドをすることがある。一度フェアゾーンに転がったボールが、ファウルゾーンに跳ね返ることもある。この場合でもフェアゾーンでバッターランナーにボールが当たればアウトになる。ただし、バッターボックス内から走りだす前に当たった場合は、自打球と呼ばれファウルとなる。

 どの場所で当ったかをよく見る

フェア地域で触れた場合は、故意かどうかにかかわらずその瞬間アウトになり、ファウル地域の場合はファウル、バッターボックス内であればアウトにはならない。ファウル地域からフェア地域に戻るようなボールのときは、アウトになる可能性がある。

ルール31 打撃妨害後のプレーの選択権

球審の説明の後、監督はプレーを選択することができる。

審判の説明後、プレーを選べる

通常は打撃妨害として試合が進められる。しかし、打撃妨害にあったバッターの打球が犠牲フライとなり、バッターはアウトになったが、ランナーを送ることに成功した場合などは、攻撃側の監督は、審判から説明を受けたあと、打撃妨害はなかったことにして、バッターはアウトでランナー進塁か、打撃妨害を認めて、ランナーはそのままでバッターが一塁に出塁という二つプレーから選ぶことができる。

POINT CHECK プレーの選択権の具体例

無死三塁の場面で、キャッチャーから打撃妨害を受けたがライトフライを打ち、バッターはアウトだったが、ランナーがタッチアップしてホームベースを踏み得点した。このとき、生還したランナーは三塁に戻り、バッターが一塁に進むプレーも選択肢になる。

ルール32 スクイズでの守備妨害

本塁上の守備妨害だと、三塁ランナーのアウトになる。

本塁上の守備妨害ではランナーがアウト

　ここ一番、大事な場面でのスクイズ。しかし大きくピッチドアウトされてしまった。飛びついてスクイズするが、バランスをくずしてキャッチャーに激突してしまった。この場合、無死、または一死では本塁上の守備妨害として三塁ランナーのアウトとなる。バッターはストライクのカウントを1つ増やし、そのまま打席を続けることができる。二死の場合は、通常の守備妨害でバッターアウトで無得点となる。

POINT CHECK アウトカウントでペナルティが違う

　バッターが意図してキャッチャーの捕球をスイングしないで妨害した場合は、アウトカウントによって違ってくる。無死、一死の場合はホームに走ってくるランナーがアウト。二死の場合はバッターがアウトでどちらも得点は入らない。

ルール 33 ストライクゾーンのボールに当たる

ストライクのボールに当たっても、デッドボールは認められない。

ストライクゾーンのボールはストライク

　調子が悪く、打てる気がしないので、チームのため、なんとかデッドボールでも出塁したいと考えて、バッターボックスのもっともホームベース寄りに立ち、おおい被さるように構える。そして投球が近めにきたらそのままボールに当たる。この行為はまるで意味がない。たとえうまく当たったとしても、投球がストライクならばストライク、ボールの場合もよけなければボールと判定され、ボールデッドとなり、ランナーの進塁も許されない。

 POINT CHECK ボールに体を当てにいってはいけない

　投球に対して意図的に当たりにいくような行為があった場合は、ストライクのボールにかぎらず、ボール球であってもランナーを一塁に進めてはいけない。

PART 4

ランナーの基本ルール

ルール 01 ランナーの装備

ランナーはヘルメットをかぶる。

シューズのひもはきちんと結ぶ。

ポケットから手袋が出ていてはダメ。

ランナーも必ずヘルメットを着用する

　バッターはヒットや四球、または打撃妨害などによって塁に出る事によりランナーとなる。そのため、バットを持っていないという事以外には、基本的に、装備はバッターと変わらない。特にヘルメットは、ランナーには不必要だと感じるかもしれないが、アマチュア野球では危険防止のため、ランナーもバッターと同じように、両耳にカバーのあるヘルメットを被るよう義務づけられている。

 POINT CHECK 代走もヘルメットを着用する

　安全上、たとえ代走のランナーとはいえ、かならずヘルメットは被らなければならない。少年野球ではベースコーチにも着用が義務となっている。

ルール 02 一塁への走塁

打ったらファウルラインの外側を、一塁に向かって走る。

ラインの内側を走ると、守備妨害になることもある。

スリーフットレーンを走る

　ランナーは必ず一塁、二塁、三塁、本塁の順にベースを踏んで走らなければならない。帰塁はその逆の順。一塁と本塁は走り抜ける事が許されている。ただし、一塁を走り抜ける場合には、ファウルラインと平行して外側に引かれてあるスリーフットレーンの間を走る。もしも、ファウルラインの内側を走り、送球を捕球しようとした野手のプレーの妨害をしたとみなされれば、守備妨害でランナーはアウトになることもある。悪送球は対象外。

 POINT CHECK ランナーの守備妨害はアウト

　スリーフットレーンは走者が保護されるエリア。そのなかを走っていれば、故意的な妨害行為がない限り走者にボールが当ってもアウトにはならない。しかし、スリーフットレーンのなかを走るのは義務ではない。守備を妨害する場所を走ったと見なされたときにアウトになる。

ルール03 ベースの踏み忘れ

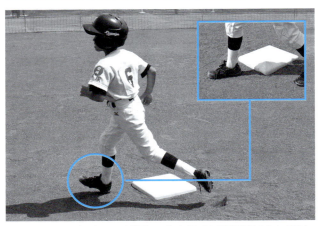

ランナーがベースを踏み忘れて、守備側のアピールがあると進塁は認められず、アウト。

ベースを踏み忘れたランナーはアウト

　ベースの踏み忘れは、バッターランナーの場合は踏み忘れたベースでアウト。例えば、三塁打で二塁ベースを踏み忘れたら、守備側が二塁ベースにボールを送り、アピールすることでアウトである。ただしベースを踏み忘れても守備側のアピールがなければアウトにならない。審判も正しいアピールがない限りは、アウトをコールしてはならない。

野球豆知識　ベースに厚みがあるのはなぜ？

　昔、ベースボールが始まった頃、審判は球審だけだったので各塁のベースが見えずランナーの触塁が確認しにくかったため、ベースに厚みをつけるようになった。ホームベースは球審の目の前にあるため塁上のプレーが確認しやすいため今も薄い。

ルール04 リードのしかた

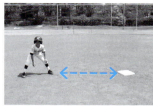

片方の足でベースを踏んで塁につく。　けん制球でも、帰塁できる距離でリードをする。

ファウルボールの後は必ず一度帰塁する

　リードは、進塁方向であれば、ランナーの自由である。ただし、ピッチャーやキャッチャーのけん制に帰塁できずにタッチされたり、守備側が、ライナーやフライをキャッチした後の送球より早く帰塁できずにタッチ（フォース）された場合はアウトである。バッターがファウルを打った場合には、必ずもといたベース上に戻らなければならない。戻らずに、リードのままでは、審判はインプレーの状態にできない。

 POINT CHECK 審判は帰塁をしっかり確かめる

　審判はファウル後、ランナーが帰塁し、ベースを踏んだかどうかをかならず確認する。ただしベースに戻らなかったとしても、ランナーがアウトになることはない。

ルール 05 守備に挟まれたとき

守備に挟まれても、アウトになるまでは進塁も帰塁も自由にできる。

野手が捕球体勢に入っていたかいないか

野手と野手とに挟まれる挟殺プレーでは、ランナーがアウトにならない限り、進塁も帰塁も自由だ。ランナーがアウトになるケースとしては、ボールを持った野手にタッチされる、ラインアウト、もしくは捕球体勢に入った野手にわざとぶつかりミスをさせる守備妨害がある。ただし、ぶつかった野手が捕球体勢に入っていなかった場合には、逆に走塁妨害と判定されランナーはアウトにはならず、進塁が認められる。

 POINT CHECK 審判はプレーの状況で動く

挟殺プレーになったら、審判はタッチが見える位置に動かなければならない。1人の審判が見る場合とほかの審判といっしょに見るケースがある。2人で見るときは役割分担をあらかじめ決めておく。

ルール06 オーバーラン

塁を踏んだあと、走り抜けるのがオーバーラン。

一塁と本塁はオーバーランが認められる

勢い余って走り抜けてしまうオーバーランやスライディングですべり抜けてしまったオーバースライドは、ボールを持った野手にタッチされるとアウトである。ただ、本塁への走塁とバッターランナーとしての一塁への走塁では駆け抜けることができる。しかし、一塁を駆け抜けた後で、二塁へ走るそぶりを見せた場合、一塁に戻る前に野手にタッチされればアウトになる。

POINT CHECK 進塁のそぶりで判断する

塁を走り抜けた後、フェア地域にいるかファウル地域にいるかはまったく関係がない。あくまで、二塁に行くそぶりを見せたら、ファウル地域にいてもタッチされればアウトになる。逆にフェア地域にいても、二塁に行くそぶりを見せなければアウトにはならない。

ルール07 ラインアウト

ランナーから3フィート以内が走路になる。

走路が3フィート以上はずれるとアウト。

3フィート（91.4cm）以上よけるとアウト

　ランナーの走路は、塁と塁を結んだラインだと考えられがちだが、実際にはそのように決まっているわけではない。大きくふくらんで走ったり内側に入り込んでも守備妨害にならない限りは、ルール上問題はないのだ。ただしそのランナーに対して、野手がタッチをしようとするプレーが行われようとした場合、ランナーがタッチをよけようとして、3フィート以上はずれるとアウト。これをラインアウトという。

 タッチの行為によって判定する

　野手がランナーにタッチしようとしたとき、ランナーは自分が走っていたコースを基準に3フィート以上よけたらアウトになる。タッチする動作がない場合、ランナーはラインに関係なくどこを走ってもかまわない。

ルール 08 ランナーの追い抜き

前のランナーを追い抜いてしまうと、その時点でアウト。

前のランナーを追い抜いてはいけない

フライやライナーのエラーやポテンヒットなどの時、前のランナーが自重し、まだ走っていないことに気付かずに追い抜いてしまう事がある。前のランナーを追い抜いてしまうと、タッチプレーやランナーの帰塁は関係なく、追い抜いた時点でそのランナーのアウトとなる。

 追い抜きの瞬間はボールデッドではない

ランナーは並走してもいいが、体が全部前のランナーを越えた場合は追い越しになる。その場合、後ろの追い抜いたランナーがアウトになるが、その瞬間はインプレーでボールデッドではない。

ルール09 ベースコーチ

ベースコーチは状況を見て、ランナーに「止まれ」「進め」など指示を出す。

ベースコーチはランナーに触れない

　攻撃側チームは、一塁と三塁側にベースコーチを置く。ルールではベースコーチはコーチスボックスから出てはいけない事になっているが、プレイの妨げにならない限り許されている。しかし、転んだ選手に手をかしたり、ユニホームをつかんだり、体で走るのを止めたりするなど、ランナーの体に触れて援助したと認められると守備妨害が宣告されて、ランナーはアウトとなってしまう。

 コーチは野手の動きをよく見て動く

　野手の誰もが捕れそうもない打球が、ベースコーチに当たっても妨害にはあたらないが、打球を捕ろうとする野手が近づいてきたら、必ず避けなければならない。

ルール 10 打球がランナーに当たる

ボールに当たったランナーは、守備妨害と見なされる。

打球が当たったランナーはアウトになる

　ランナーにバッターの打った打球が当たると、ゴロ、ライナー、フライなどどんな打球でも、また、故意であるかないかに関わらず守備妨害となりアウトだ。ただし、バックホーム体制で守備側が前進守備をひいているときに、野手のすぐ後ろを走るランナーに、野手が触らず逸らしたボールが当たっても守備妨害にならない。しかし、その場合も、わざと当ったならば守備妨害だ。

 POINT CHECK 意図的な妨害かどうかで判断する

　ランナーがダブルプレーを防ぐために故意に守備を妨害した場合は、ダブルプレーが成立し、故意でなければランナーだけがアウトになる。

ルール11 ランナーがエラー球に当たる

エラー球に当たったランナーの判定は、当たった場所による。

エラー球に当たった場合の2つのケース

野手がエラーをしてはじいたボールが、ランナーに当たったらどうなるのか。この場合2つのケースが考えられる。エラーをした後に、すぐにボールを追った野手が、手を伸ばしたそばにランナーがいてボールに当たったら、ランナーは野手の守備機会を奪ったとして守備妨害によりアウト。逆に離れていれば守備妨害にはならず、インプレーでそのままプレーが続けられる。

POINT CHECK 打球を処理する野手が優先される

ランナーは、打球を処理しようとしている野手が自分の走路内にいた場合はよけて走らなければならない。もしもよけずに守備をしている野手にぶつかれば守備妨害でアウト。打球を処理している野手は、ランナーよりも優先される。

ルール 12　ホームスチールしたランナーに投球が当たる

ホームスチールのランナーに投球が当たっても、得点になる。

投球に当たってしまっても得点になる

　ホームスチールをしたランナーに投球が当たってしまっても守備妨害にはならないので、ホームインが認められて得点となる。ただし、ストライク、ボールの判定がされ、バッターが三振アウトでチェンジとなる場合には、アウトが優先とされ、ホームインは認められない。無死か一死の場合はボールデッドとなり、他の塁にランナーがいた場合には、一個進塁する処置がとられることになる。

 POINT CHECK　当たってもカウントは忘れない

　アウトカウントやボール、ストライクの判定によって処置の仕方が違ってくるので注意する。ボールがランナーに当たってもカウントすることを忘れてはいけない。

ルール13 声の妨害

ランナーが大声を出して守備を邪魔したら、守備妨害を取られることも。

たとえ声だけでも守備妨害になることもある

　ランナーが野手の近くを走るときに、大声や奇声、またいかくするような行為をして、野手の守備を邪魔することがある。声による妨害はルールブック上に規定がないが、あまりにひどい行為だと審判が判断すると、ランナーは守備妨害を取られてアウトになることもある。こうした行為は非紳士的で好ましくないプレーであるだけでなく、後の報復行為につながることもあるので厳しく注意したい。

ベースボールマナー講座　**ランナー以外の声の妨害も慎む**

ベンチの選手は声を出して応援をする。しかし相手ピッチャーやフライを処理しようとしている野手に、侮辱的な言葉やプレッシャーをかけるようなことをいってミスを誘おうとする行為は、マナーとして慎みたい。

ルール14 野手の走塁妨害（オブストラクション）

故意であるかどうかにかかわらず、野手はランナーの妨害をしてはいけない。

ボールを持っていない野手は走路をあける

　野手は、ボールを持ってのタッチプレーか、送球や打球の処理をしているかでなければ、ランナーに走路を譲らなくてはならない。もしも、譲らずに走路上でランナーの邪魔になったり、ぶつかったりした場合は、たとえ故意ではなくても、走塁妨害（オブストラクション）が適用され、ボールデッドとなりランナーには無条件で一個の進塁権が与えられる。

POINT CHECK　優先権がどちらにあるか判断する

　ボールを捕ろうとする野手は優先的に保護されるが、ボールをもっていない野手の場合はランナーが優先され、空タッチは走塁妨害になることもある。

ルール 15 ランナーの守備妨害

わざと野手にぶつかると守備妨害。

打球を捕ろうとしてもダメ。

足裏を見せたスライディングも守備妨害になる。

守備妨害があったときの判定

　ランナーが打球に当たった場合は、守備妨害でそのランナーのアウトだ。もしも守備側にダブルプレーのチャンスがあったとしても、そのランナーだけのアウトである。しかし、その妨害が「ダブルプレーを故意に邪魔しようとした」と見なされると、ダブルプレーになる。打球に当たるほかにも、わざと野手にぶつかったり、足裏を見せた危険なスライディングも守備妨害の対象となる。

POINT CHECK 妨害行為にはきびしく対処する

守備妨害にしても走塁妨害にしても、明らかに大きなけがの原因となるため、こうした行為にはきびしく対処する必要がある。

ルール 16 ベースに2人のランナー

1つの塁の占有権は1人のランナーのみ。

前のランナーに占有権がある

1つのベースに2人のランナーがついてしまった場合には、前のランナーに塁の占有権がある。塁の占有権とは、その塁に触れている限り、ボールを持った野手にタッチされてもアウトにならない権利のことだ。そのため、後から来たランナーがタッチされるとアウト。このプレーはフォースプレーではないので、野手がベースを踏んだだけではアウトにはならず、タッチプレーが必要である。

 POINT CHECK 占有権がどちらにあるか考える

ランナー一・二塁でショートライナーが飛んだとき、一塁ランナーはワンバウンドしたため進塁したが、二塁ランナーは自重。この場合、バッターランナーか一塁ランナーがアウトにならないかぎり二塁ランナーにも進塁義務が生まれる。

ルール17 帰塁

フライが捕球されたら、ランナーはもといた塁に戻らなければならない。

野手が捕球したらタッチアップできる。

フライを捕球したら帰塁する

野手がフライ(ライナー)を捕球した場合には、必ずもとにいた塁に帰塁しなければならない。フライもしくはライナーのボールに野手が触れてからスタートするタッチアップは、野手がボールに触れる前にベースから離れると、守備側の野手がベースにタッチして、審判にアピールすることで、アウトの判定になる。ただし、守備側のアピールがなく、1つでもプレーが進むと、そのタッチアップは成立してしまう。

ジャッジのコツ　帰塁は責任を分担して確認する

フライやライナーが飛んだ場合、審判は誰がどのランナーのタッチアップを見るのか、あらかじめ責任分担を確認しておく。

ルール18 タッチアップのタイミング

ボールを捕球できなくても、触れた瞬間からベースを離れられる。

野手がボールに触ったのを確認してスタートする。

野手がボールに触ったときに走り出す

　外野手がフライをお手玉した場合、完全捕球するまで、タッチアップはできないか？　答えはNO。捕球したかどうかに関係なく、ランナーは野手がボールに触れた瞬間からベースを離れられるのだ。だから、例えば、センターが落としたフライを、近くにいたライトが地面に付く前に捕球した場合も、ライトの捕球に関係なく、センターがボールに触った瞬間にタッチアップする事ができる。

野球豆知識　グラブに触れた瞬間が基準

　タッチアップができるのは、ボールが野手のグラブですっぽりと捕球された時点ではなく、グラブに触れたときである。捕球後にお手玉のようにして前進し、ランナーを制止させることはできない。

ルール19 一塁ランナー到達とキャッチが同時のとき

塁への送球と、バッターランナーが同時なら判定はセーフ。

ランナーとキャッチが同時ならセーフ

　一塁へランナーが走り込むのと、キャッチが同時だったらアウトかセーフか？　答えはセーフだ。しかし、ルールブックに同時はセーフと書いてあるわけではない。野球規則では、バッターのアウトについて「フェアボールを打った後、一塁に触れる前に、その身体または一塁に触球された場合」と書いてある。同時は、一塁に触れる前ではなく触れているので、バッターはセーフだと解釈されるのだ。

ジャッジのコツ　音も判定の手段にする

　しっかり見るのが鉄則だが、微妙なときにはボールがグラブに入る音とランナーがベースを踏む音を聞き分けてジャッジするケースもある。

ルール 20	スリーアウトと ホームインの関係

タッチアウトならそのアウトよりもランナーが先に本塁を踏めばセーフ。

（上）得点を認める。
（下）認めないノーランスコア。

3アウト目がどういうアウトかで結果が変わる

　3アウトと得点のどちらが認められるかは、3アウト目がフォースアウトかタッチアウトかで違う。二死一・三塁の場面、バッターは内野ゴロ、ランナー二塁でフォースアウトの場合、三塁ランナーのホーム触塁がアウトより先でも後でも得点できない。また一死一・三塁で、バッターは一塁送球でアウトの後、二塁に送球され、一塁ランナーもアウトになっても、それより先に三塁ランナーが本塁に生還できれば得点できる。

> ジャッジの**コツ**　**球審は立つ位置に気をつける**
>
> 　球審はスリーアウトがなされるであろうという塁の延長線上に位置し、2つの塁を同時に確認できるポジションを取る。

| ルール 21 | ホームインと一塁アウトはどちらが認められる？ |

三塁ランナーはホームイン。

バッターランナーは一塁でアウト。

ホームスチールより三振が優先される

　二死で三塁ランナーがホームスチール、投球より先にホームインしたが、ストライクでバッターアウト。この場合、三振のバッターアウトが優先され、ホームスチールの得点は認められない。また、内野ゴロなどで、バッターランナーがアウトになるより先にホームインした場合も、バッターランナーは一塁でフォースプレーとなるので、ホームインは認められないのである。

 POINT CHECK 三塁ランナーがいるケースの球審の仕事

　上のケースのように三塁ランナーがいる場合、球審はバッターランナーのスリーフットレーンの反則がないか、三塁ランナーがホームベースを踏んだかをおもに確認する。

ルール22 バックネットにボールが挟まったとき

金網などに挟まりボールが取れなくなった場合は、ボールデッド。

暴投したボールが取れなくなったら進塁

　プレー中に野手の暴投が金網に挟まって取れなくなった場合には、ボールデッドとなり、その野手が投げる時に、ランナーがいた場所を基準に、二個の安全進塁である。例えば、野手が投げた時にランナーが二塁を回っていたらホームインだ。ボールがフェンスを超えたり、ベンチに入った場合も同じ処置である。またピッチャーの投球の場合は、塁上のランナーそれぞれに一個の安全進塁である。

野球豆知識　消えた試合球の行方

　メジャーリーグでは、ピッチャーが投げたボールが偶然に審判の胸のポケットに入り、ボールがどこに行ったのか誰もがわからず、しばらく試合が中断したことがあった。

ルール23 サヨナラヒットや四球での各ランナーの動き

サヨナラヒットで、三塁ランナーがホームイン。

バッターランナーが一塁を踏まないと、ホームインは認められない。

サヨナラヒットでも進塁義務はのこる

　最終回二死からのサヨナラヒットでは、三塁ランナーがホームインする事でゲームセットだと考えられるが、バッターランナーはもちろん、他の進塁義務のできたランナーも次の塁のベースを踏まないと、野手からのベースへの送球やタッチでフォースアウトとなり、ホームインが認められない。ただし、押し出し四球の場合には、バッターランナーと三塁ランナーがベースを踏めばいいことになっている。

ジャッジのコツ — 次の塁を踏んだかどうかを確認する

　押し出しの場合、バッターランナーと三塁ランナーがそれぞれホームベースと一塁ベースを踏んだことを確認してから得点を認める。

PART 5

守備の基本ルール

ルール01 守備の装備

前 — 帽子 / グラブ

帽子をかぶり、グラブかミットを持って守備につく。

後

プレーに必要のないものを、ポケットなどに入れておかない。

「プレー」コールがかかったら野手は捕球に備える

ピッチャーを除く守備側の野手は、球審が「プレー」をコールし、ボールインプレーの状態に入ったら、すみやかに捕球に備える姿勢をとる。ピッチャーも投球動作が終わり次第、すぐに体勢を整え、「9番目の野手」として捕球に備えることが大切。また、守備位置につくときには、メガネやサングラス、リストバンド以外で、プレーの妨げになるものや不必要なものは身につけてはいけない。

ユニフォームの着こなし

ユニフォームの着こなしについては、特に決まりはないが、シャツはきちんとボタンをしめ、裾をズボンの中に入れておくのがマナー。帽子もきちんと被ること。

ルール02 ポジション

ピッチャーの守備位置は、マウンド上。

キャッチャーはキャッチャーボックス内で、投球を受ける。

試合状況や戦略に応じて守備位置を調整

　野球の試合では、ピッチャーの投球はマウンド上、キャッチャーの投球の捕球待機はキャッチャーボックス内と定められているが、他の7人の野手は、試合の状況やチームの戦略、相手バッターの特徴に応じて、守備位置を調整することができる。極端な守備位置の変更や移動は「シフト」とも呼ばれ、高度な野球になるほど多用される傾向がある。

POINT CHECK　作戦上のポジション

　代表的なシフトには、相手チームの犠牲バントやスクイズを阻止するために、ファーストとサードを思い切って前進させる「バントシフト」がある。また、バックホームに備えた外野の前進守備や、左中間もしくは右中間に外野を固めるシフトもある。

ルール03 ファウル地域での守備

野手はフェアゾーン内で守備につく。

最初からファウルゾーンで守ることはできない。

あらかじめファウルゾーンで守ってはいけない

バッテリーの選手を除いた7人の野手は、基本的には守備位置を自由に変更できるが、例外としてファウルゾーンで打球を待ち構えることはできない。ただし、ファウルゾーンに飛んだフライやライナーの打球を追いかけてフェアゾーンから出ることはかまわない。また、インプレー中に他の選手の守備をバックアップするために、ファウルゾーンで送球を受けることも認められている。

 POINT CHECK 野手はラインをまたいではいけない

キャッチャーを除く野手はラインをまたいで守備体勢をとってはいけない。ただし、ライン上に足があり、体全体がラインの内側にあればよい。

グラブを持たないで守ってはいけない

守備につくときは、グラブやミットを持って守る。

守備の装備を持たずに、素手で守ることは危険。

守備側の全選手は必ずグラブを持ってプレー

バッテリーを含め、守備側の9人の選手は、必ず規格に合格したグラブをつけてプレーする。グラブを持って守らなければならないという明確なルールはないが、安全に正しいプレーをするためには、グラブは必要不可欠な装備なのだ。なお軟式用のグラブは硬式用のものよりも、皮が薄く軽い。硬球でのプレーの際は、安全面を考えて必ず硬式用のグラブでプレーするようにしよう。

POINT CHECK グラブの使用には基準がある

キャッチャーミットやファーストミットなど、グラブ使用では大きさや長さによる基準があり、決められたポジションでしか使えない。ただしキャッチャーに限り、どのポジションのものでも使うことができる。

ルール 05 タッチプレー①

ボールをつかんだグラブで、ランナーの体にタッチするとアウト。

塁間のランナーにタッチしてアウトにするプレー

　タッチプレーとは、野手が手またはグラブでボールをしっかり持った状態で、その手またはグラブ、もしくはボールを、ベースから離れているランナーに触れる行為を指す。タッチされたランナーは「タッチアウト」もしくは「タッグ（触球）アウト」となる。ランナーがリードしたときや盗塁のために走ったとき、帰塁するとき、バッターが一塁へ走るときにも、野手はタッチプレーを行うことができる。

POINT CHECK　確実にボールを保持する

　公認野球規則では、タッチ（タッグ）プレーについては「野手が手またはグラブに確実にボールを保持して」いることと定めている。したがってボールをファンブル（お手玉）したり、脇の下やヒジにはさんでいる状態でランナーに触れてもタッチアウトは成立しない。

ルール 06 タッチプレー②

ボールをグラブでつかんで、ランナーに触れるとアウト。

ボールを握った手で、ランナーに触れてもアウト。グラブのみのタッチは×。

タッチプレーでアウトにする

　野手がランナーにタッチする場合、ボールをグラブの中に入れてそのままタッチしてもいいし、素手でボールを握ってタッチしても構わない。ただしグラブでも素手の場合でも、ボールを持っていない方の手でタッチ（空タッチ）をしても、アウトとは認められない。

ベースボールマナー講座　強いタッチは控える

　クロスプレーのときはやむを得ないこともあるが、明らかにセーフのタイミングの場合、故意に強いタッチをしないようにする。

フォースプレーとは何か

ルール 07

守備

フォースの状態では、先に野手が塁に触れるとアウト。

進塁しなければならないランナーをアウトにするプレー

一塁にランナーがいるケースで、バッターが出塁するとき、一塁ランナーが一塁をバッターランナーに明け渡すために二塁へ向かわなくてはならない状態を「フォースの状態」といい、このとき、野手はボールを持ち、ランナーが向かった塁に身体のどこかが触れればアウトとなる。これを「フォースプレー」と呼ぶ。ランナー二塁のケースでは、二塁ランナーには進塁義務がないので、フォースプレーは成立しない。

 タッチプレーとフォースプレー

ランナー一塁でバッターがゴロを打ち、野手が一塁に先に送球するとバッターランナーはフォースアウトになるが、一塁ランナーは一塁に戻れるため、タッチプレーでのアウトが必要。また、3つ目のアウトがフォースアウトの場合、ランナーが先にホームインしても得点にならない。

ルール 08 送球がランナーに当たる

故意に送球に当たると、ランナーの守備妨害になる。

故意に当たればアウト

　野手が送球をして、そのボールがランナーに当たった場合、ランナーが故意にボールに当たったと判断されるとアウト。そうでなければランナーがアウトになることはない。この判断は、ランナーの前の野手が、打球に触れずに後ろに逸らした場合、そのボールにランナーが当たってもアウトにならないのと同じ。

POINT CHECK　一塁ランナーの危険なプレー

　フォースアウトになった一塁ランナーが、ダブルプレーを阻止するためにベースではなく野手に向かって危険なスライディングした場合も、故意かどうかに関係なく守備妨害の対象となり、バッターランナーもアウトになる。

ルール09 草むらにボールが入ってしまったら

ボールデッド地域にボールが入ると、二個の進塁権が与えられる。

二個の安全進塁か、グラウンドルールに従う

外野のフェア地域にバウンドした打球が、スタンドや草むらなどのボールデッド地域に入ってしまった場合、「エンタイトルツーベース」となって、与えられる安全進塁権は二個。ただし少年野球の場合、独自のルールを定めているところもあり、その場合はその規定に従う。また、どこまでがグラウンド内かもそれぞれの球場によって違うので、試合の前に確認しておこう。

POINT CHECK 捕球した野手がボールデッド地域に入る

フライなどを捕球した野手が、勢い余ってそのままボールデッド区域に入ってしまった場合は、ランナーに一個の安全進塁権が与えられる。ただし、外野のフェア地域で野手が打球に触れて外野フェンスを越えた場合はホームランとなる。

ルール10 捕球

素手でボールをキャッチしても OK。

体に当ててボールを止めても構わない。

確実にアウトをとるためにはグラブでの捕球が基本

　フライやライナーといったノーバウンドの打球や他の野手からの送球は、野手がグラブか手でボール受け、しっかりつかむと捕球が成立する。ただし、いったんボールがグラブに入っても、つかむ前にはねかえったり、転んだりして、ボールを地面に着けてしまえばノーバウンドの捕球とは認めない。ゴロの打球を、身体で受け止めてもかまわないが、ケガの防止のためには、やはりグラブでの捕球が望ましい。

POINT CHECK　他の選手が捕球してもアウト

　フライやライナーのノーバウンドの打球は、グラブを外した素手でも捕球が認められる。また、グラブや手でボールを弾いた場合、本人があらためて捕球し直すか、近くにいた他の野手がそのまま捕球すればアウトになる。

ルール11 グラブを投げる

グラブがボールに当たると、ペナルティを取られる。

捕球と認められず違反行為となる

フェアゾーンに飛んだ打球に、野手がグラブを故意に投げつけた場合、たとえグラブにおさまっても捕球にはならないばかりか、もしボールに当たれば、ペナルティとしてバッターランナーとランナーにそれぞれ三個の進塁権が与えられる。また、送球に当てた場合は二個の進塁。ホームラン性の打球にグラブを投げつけて落した場合は、当たらなければホームランになると審判が判断すれば、ホームランになる。

POINT CHECK 故意かどうかが判定の分かれ目

このペナルティは、打球や送球の勢いにおされて野手の手からグラブが脱げたとき、あるいは正しく捕らえようと明らかに努力したにもかかわらず、野手の手からグラブが脱げた場合などには適用されない。

ルール12 帽子でキャッチ

素手か、グラブ以外のものを使ったキャッチは認められない。

帽子でボールを取っても捕球にはならない

打球や送球を、帽子などの身につけているものでキャッチしても捕球とは認められない。もし、フェアゾーンのボールに故意に触れた場合、違反行為のペナルティとして、打球の場合はバッターランナーとランナーにそれぞれ三個の進塁権、送球の場合は二個の進塁権が与えられる。触れなければホームランとなったはずと審判が判断した打球は、ホームランとなる。

POINT CHECK 反則があってもボールインプレー

P158とP159の違反行為は、行われてもボールインプレーの状態がそのまま続く。したがって、バッターランナーはチャンスがあれば進塁を狙ってもかまわない。ただし、進塁権以上進もうとした場合、塁間でボールを持った野手にタッチされればアウトになる。

ルール13 ボールを蹴る

足で蹴ったボールを捕球しても、ルール違反ではない。

足で蹴って送球を捕球してもアウトになる

打球や送球を野手が足で受け止めたり、蹴ったりして他の野手に送球するプレーはルール違反とはならない。フォースプレーのケースでは、野手がそのボールを捕球すればアウトになる。また、ノーバウンドの打球を足に当ててからグラブか手で捕球するか、他の野手が捕球してもアウトになる。

 守備妨害には気をつける

ランナーが打球を蹴るような行為をした場合は守備妨害になるが、野手が蹴ったり弾いたボールがランナーに当たっても妨害にはならない。

ルール14 ファウルかフェアかの判断

フェア
ボールがフェアゾーン上の空間ならフェア。

ファウル
ボールがファウルゾーン上の空間ならファウル。

ファウルライン上はフェアゾーンになる

　フェアゾーンは、一塁線と三塁線のファウルラインのライン上を含めた内側と、その上方空間のこと。したがって、ライン際でのフライやライナー、内野のライン際のゴロなどは、ボールがグラブや野手に触れた位置で、フェアかファウルかがジャッジされる。捕球時に野手の身体がラインの外にあっても、ボールに触れた位置がフェアゾーンの上空であれば、打球はフェアとなり、プレーは続行される。

POINT CHECK　その他のフェアになるケース

　ライン上で止まったボールは、一部がラインの外側の際にかかっていればフェアとなる。また、打球が一度、内野のファウル地域でバウンドしても、再び内野のフェア地域に戻ってボールが止まるか、野手に触れた場合はフェアとなる。

ルール15 インフィールドフライ落球

インフィールドフライ

インフィールドフライが宣告される。

野手がボールを捕球できず落とす。

アウト

その場合でも、判定はアウト。

落球してもダブルプレーは取れない

インフィールドフライは無死か一死で、ランナー一・二塁、または満塁の時に適用される。バッターの打ったフェアの内野フライを、普通にプレーすれば捕球できると審判が判断すると、インフィールドフライが宣告されバッターはアウト。このルールは内野フライをわざと落とし、進塁義務の生まれたランナーを刺してダブルプレーを取るという行為を防ぐためのもの。そのため落球してもバッターはアウトになる。

POINT CHECK 宣告されてもボールインプレー

インフィールドフライが宣告され野手が落球した場合、ファウルにならない限りはボールデッドの状態にならないので、ランナーはベースから離れていても、そのまま次の塁に向かってスタートを切ることができる。ただし、ボールを持った選手に塁間でタッチされればアウトになる。

ルール 16 故意落球

イージーなフライを、わざと落とすとバッターはその時点でアウトになる。

ダブルプレーを狙った故意落球は認められない

無死か一死で、ランナー一塁か一・二塁、一・三塁、または満塁のとき、内野へのイージーなフライを野手がグラブや手に当ててから意図的に落とすことを「故意落球」といい、審判が故意落球とみなした時点でバッターはアウト。この場合、ボールデッドになりランナーは進塁できない。インフィールドフライと同様に、守備側がランナーをだまし、ダブルプレーを狙うことを防ぐ目的がある。

POINT CHECK ワンバウンドさせればOK

グラブや手に当てると故意落球になる打球でも、地面にワンバウンドさせてから捕球すれば、たとえ意図的な行為であっても故意落球にはならず、ダブルプレーを狙うことができる。

ルール17 アピールプレー

塁に触れてアピール。判定はアウト。

アピールの結果、判定はセーフ。

攻撃側のルール違反を審判に告げる

　試合中は、選手が審判の下したジャッジに抗議や異議を唱えることはルール上認められていない。ただし、攻撃側チームが明らかなルール違反をおかした場合にのみ、それを守備側チームの選手が審判にアピールすることができる。主なケースは、ランナーのベースの踏み忘れや打順間違いなど。これらの場合は、次のプレーが始まった時点で、アピールの権利がなくなるので注意が必要だ。また、アピールはボールインプレー中に行わなくてはならない。

アピールとクレームはちがう

　試合において、審判に投球カウントミスなどのルールの適用上の誤りがあると思われたときにアピールできるのは、監督のみと定められている。アピールは、裁定に関する質問、訂正を求めることが許されることであり、決して抗議や異議を唱えることではない。

ルール18 観客の妨害

観客がボールに触ると、ボールデッドになる。

予期できない妨害行為はボールデッドになる

　観客や犬といった直接プレーしない人や動物もしくは物体が、試合中の競技区域内に入り込んだり、ボールや選手に接触すると、その時点でボールデッドの状態となり、もしも妨害がなかったらどうなっていたかを審判が判断する。その場合、故意であるかどうかは関係ない。この他にもプレー中に予期せぬ出来事が起きた場合は、審判が「タイム」をかけて処置を指示する。

POINT CHECK グラウンドルールに従う場合

　アマチュア野球では、競技区域が隣接するケースもあり、他の試合のボールや選手などが入り込んだ場合の処置を、グラウンドルールとしてあらかじめ決めておくこともある。

ルール19 ダブルプレー（トリプルプレー）

二塁アウト

セカンドはすかさず、一塁に送球する。

一塁アウト

セカンドに送球されて、一塁ランナーアウト。

バッターランナーも間に合わず、ダブルプレー成立。

連続プレーで複数のアウトをとる

1つのプレーで、連続して2つのアウトを奪うのが「ダブルプレー」、3つのアウトを奪うのが「トリプルプレー」だ。2人以上の野手が連係してフォースプレーやタッチプレーを行って成立するケースや、1人の野手がフライやライナーをダイレクトキャッチしてすぐにベースに入るかランナーにタッチして成立させるケースなど、ダブルプレーとトリプルプレーにはさまざまなケースがある。

POINT CHECK 2アウトからのダブルプレーはない

3つ目のアウトが決まったところでボールデッドとなりチェンジとなるため、2アウトからのダブルプレー（トリプルプレー）や1アウトからのトリプルプレーは成立しない。

ルール20 ベースの踏み方

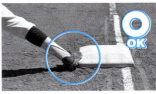

ベースの角を、土踏まずの部分で踏む。

カカトが上がってしまい、ベースから足が離れている。

グラブをはめた方と逆の足を伸ばし、ベースを踏む。

身体の一部が触れていればベースタッチとみなされる

　バッターランナーやランナーをフォースプレーでアウトにするときには、送球を受ける野手の身体の一部が、ボールを捕球した時点でベースに触れていなければならない。ここでいう身体とは、着用している靴も含まれ、足の裏に限らず、つま先や足の側面などでもベースのどこかに確実に触れていればベースタッチが認められる。

 POINT CHECK　足が離れているとセーフ

　ベースタッチによるフォースアウトは、ボールをグラブまたは手でしっかりとつかんで捕球していることも条件となるため、捕球する前に足がベースから離れてしまうと、アウトとジャッジされなくなるので注意する。

ルール21 打球を処理する野手が優先

ランナーが走塁する際、打球の処理をしようとする野手の邪魔をすると守備妨害。

ランナーは守備に関わる野手を避けて走る

　野球のルールは、野手の守備を優先することを原則に定められている。そのため、ランナーが打球に当たったり、打球を処理しようとしている野手の邪魔になったりすると、そのランナーは、たとえ故意ではなくても守備妨害をとられてアウトになる。ただし、野手が一度触れた打球であれば、守備妨害にならず、プレーは続行される。

POINT CHECK 守備妨害と走塁妨害

　守備妨害は、打球もしくは打球処理に関係する野手へのランナーの行為が対象となる。打球に関係しない野手とランナーとの接触は、野手側が走塁妨害をとられ、ランナーには一個の安全進塁権が与えられる。

ルール22 審判に打球が当たる

野手が触っていない打球に審判が当たった場合、バッターは一塁に出塁できる。

フェアの打球が審判に当たると一塁に進塁

　フェア地域の内野内で、ピッチャーを含めた野手が一度も触っていない打球に審判が当たると、バッターは一塁に出塁ができ、押し出されるランナーのみ進塁する。ただし、ピッチャーを含めた野手が一度でも触るか、前進守備を取っている内野手をいったん通過した打球が当たった場合は、ボールインプレーでそのまま試合が続けられる。審判は石と同じだから当たっても関係ないというのは、後者のケース。

POINT CHECK　送球の場合はボールインプレー

　送球に審判が当たった場合は、そのままボールインプレーの状態が続けられる。ランナーの場合は、故意かどうかの判断を含め、処理は審判のジャッジに委ねられる。

ルール23 野手の交代

監督がベンチから出てきて、交代を球審に告げる。

野手の交代は監督が審判に伝える

試合中の野手の交代および守備位置の変更については、ボールデッドの状態ならいつでも行うことができる。どの選手とどの選手を替えるのか、それらの選手の打順と守備位置がどうなるのかを、監督が球審に報せる。球審は公式記録員に伝えた後、内容を発表し、プレーが再開。交代してベンチに下がった選手は、再び試合には出られないが、他の選手のウォームアップの相手などはしてもかまわない。

 交代を間違えた場合

監督が交代を告げた選手とは別の選手が出てしまった場合、その選手が守備位置についてプレーが再開された時点で訂正ができなくなる。その後すぐに交代したとしても、間違えて出場した選手は再び出場することはできなくなる。

PART 6

スコアブックの付け方

ルール01 スコアブックを付けよう

試合を記録できるスコアブック

野球はプレーするだけでも楽しいが、試合に勝てばもっと楽しい。しかし強くなるには、試合を反省することも大事。そんなとき役に立つのがスコアブックだ。ここからはスコアブックのつけ方の一例を解説。コツさえつかめば誰にでも簡単に、攻撃と守備を詳しく記録することができる。いいスコアブックができれば、そこから学ぶことも多くなるにちがいない。さあ、スコアブックに記入してみよう!

ボールカウントや打席の結果を、スコアブックに記録する。

どんなプレーも、コツさえつかめば簡単に記録できる。

ルール 02 スコアブックに記録すること

日付や時間を記入する

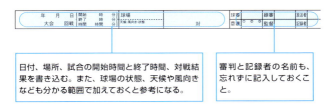

日付、場所、試合の開始時間と終了時間、対戦結果を書き込む。また、球場の状態、天候や風向きなども分かる範囲で加えておくと参考になる。

審判と記録者の名前も、忘れずに記入しておくこと。

試合内容を記入する

ピッチャーは「1」、キャッチャーは「2」など守備番号を記入する部分。

ボールカウント、打撃結果、進塁、得点のデータを記入する部分。

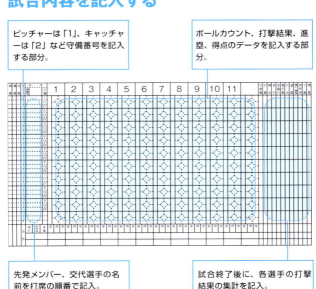

先発メンバー、交代選手の名前を打席の順番で記入。

試合終了後に、各選手の打撃結果の集計を記入。

ルール03 記入のための基礎知識①

ポジションの数字を覚えよう

野球のポジションは、スコアブック上では算用数字を使って表わし、ポジション間でのボールの移動は数字をハイフンでつないで表す。たとえば「6-3」は、ショートからファーストに送球したということ。

守備番号・守備位置

1・ピッチャー（投手）
2・キャッチャー（捕手）
3・ファースト（一塁手）
4・セカンド（二塁手）
5・サード（三塁手）
6・ショート（遊撃手）
7・レフト（左翼手）
8・センター（中堅手）
9・ライト（右翼手）

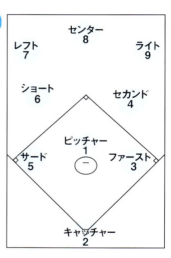

マス目には何を書くか？

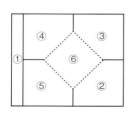

①はボールカウントを記入する。②は一塁を表し、どうやって進塁したかあるいはしなかったかの結果を記入。同様に③④⑤は、それぞれ二塁、三塁、本塁で、記入された数字や記号で、どこで何があったかが分かる。⑥には、得点やアウトなど最終結果を記入する。

得点とアウトカウント

1アウト

2アウト

3アウト（〃はチェンジ）

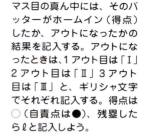

マス目の真ん中には、そのバッターがホームイン（得点）したか、アウトになったかの結果を記入する。アウトになったときは、1アウト目は「Ⅰ」2アウト目は「Ⅱ」3アウト目は「Ⅲ」と、ギリシャ文字でそれぞれ記入する。得点は○（自責点は●）、残塁したら ℓ と記入しよう。

得　点

自責点

残塁（〃はチェンジ）

ボールカウントの記号

ボールカウントの記号の例

● ……………ボール　　　　　⊕ ……………ストライク（空振り）

○ ……………ストライク（見逃し）　∨ ……………ファウル

ボールカウントの記入例

1球目　ボール
2球目　空振りストライク
3球目　ファウル
4球目　空振りストライク

一塁に打席の結果、空振りの三振を示す「ＳＫ」を、真ん中に1アウトの「Ⅰ」を入れ、最後のカウントは記入しない。

ルール04 記入のための基礎知識②

打席・進塁の結果を記入する

スコアブックでは、一塁・二塁などのベースや打席の結果、また進塁の結果などすべてアルファベットや記号を使って表わす。記号に特に決まりはなく、ここで紹介する記号や記入方法も一例だが、チーム内では誰が見ても分かるように統一しておくようにしよう。

出場選手の記入方法

名前の記入欄が3段になっているのは交代選手用。たとえば1番打者の交代選手は11の欄を使用する。代打だったら「PH」代走なら「PR」など、守備番号の下に記入しておくと後で分かりやすい。

刺殺	捕殺	失数	シート	背番号	先　　攻	打順
				4	田中	1
				PH	石川	11
						21

ベースの記号

一塁 …………………… A
二塁 …………………… B
三塁 …………………… C
本塁 …………………… D

打席の結果に関する記号①

空振り三振 …………… SK
見逃し三振 …………… °K
四球（フォアボール）……… B
敬遠（故意四球）………… ☆B
死球（デッドボール）……… DB
エラー ………………… E

打席の結果を書き込んで、個人記録の集計に役立てよう。

打席の結果に関する記号②

野手選択（フィルダースチョイス） … FC
打撃妨害 ………………… △
タッチアウト ………… TO
ダブルプレー ……… DP
スリーバント失敗 … K^(B.H)
振り逃げ …………… KW

ポジションは番号で表される。

ランナーに関する記号

盗塁 …………………… S
ボーク ………………… BK
暴投 …………………… WP
捕逸 …………………… PB
走塁妨害 ……………… OB

打球方向

打球方向は・の位置で示す
左翼線フライ ………… ⌒7
右翼線ゴロ …………… ⌣9
サードライナー ……… ‾5
一塁線ゴロ …………… ⌣3
センター犠牲フライ … ◇8

打球に関する記号

ゴロ …………………… ⌣
フライ ………………… ⌒
ライナー ……………… ‾
犠打・犠飛 …………… ◇

その他

代打 …………………… PH
代走 …………………… PR
チェンジ ……………… //
ゲームセット ………… ///

コースの記入にチャレンジしよう

ボールカウントを記入する欄に記入する記号に工夫をすると、さらにコースまで細かく書き込むことができる。慣れてきたらぜひチャレンジしてみよう！

ストライク（高め） ……… ◯
ストライク（低め） ……… ◯
ボール（低め） …………… ●
ボール（内角寄り） ……… ●

記入してみよう　打撃

打席の結果は一塁に記入する

打撃の結果は、進塁かアウトかにかかわらず、どこにどんな打球を打ったかを一塁に記入する。ここでは打撃結果を、記号を使って記入する方法を覚えていこう。

打球の種類

フライ、ライナー、またゴロといった打球の結果は記号を使って表わすことができる。

ヒットを打った場合

ヒットを打って出塁したら、点線にそって斜めの線を書き入れる。二塁打や三塁打の場合は、進んだ塁まで線を伸ばす。その後、それがどんな打球であったか示すために、守備番号や打球の種類、また打球の位置の記号を記入する。

内野安打の場合

内野安打は、ヒットのときと同じように斜めの線を記入し、捕球したポジションの守備と、打球の種類位置を書き込んだら、最後に数字と記号を囲む。

内野安打の記入例

ショート横ゴロの内野安打　　サード正面ゴロの内野安打

ヒットを打った場合の記入例

センター前ヒット

左中間を抜く二塁打

ライトオーバーの三塁打

レフトオーバーのホームラン

打撃の結果は、ヒットでもアウトでも一塁に記録する。

ヒット以外で出塁した場合

四球や死球、またエラーで出塁したときは、ヒットの斜めの線は引かず、結果の記号だけを記入する。

四死球などで進塁したときの記入例

フォアボール

デッドボール

敬遠四球

振り逃げ
（Wは暴投を表わす）

エラーで出塁したときの記入例

セカンドがゴロをエラー

センターフライをエラー

アウトになった場合

打席の結果がアウトの場合も、進塁したときと同じように一塁の枠に記入する。ゴロやライナーまたフライなど、どんな打球がどこに飛んでいき、また誰が捕球して誰に送球した結果アウトになったのかを記入しよう。ファウルフライは数字の横にFと記入。そのあと、真ん中の枠に一死だったらⅠ、二死だったらⅡ、三死でチェンジならⅢと書き込む。

アウトになったときの記入例

ショートゴロで一死

キャッチャーフライで
二死

ファーストライナーで
一死

キャッチャーファウルフライで
チェンジ

ルール06 記入してみよう ランナー

出塁したランナーの結果を記入する

打席の結果、一塁に進塁したランナーがそのあと、さらに進塁したり、アウトになった結果も記号で記入する。盗塁などで進塁した場合は、どの打者のときのどんなプレーで進塁したかが分かるようにしておこう。

ランナーが進塁、盗塁した場合

後続のバッターの出塁によって進塁したら、進塁した塁にそのバッターの打順を( )で囲んで記入する。まさらに進塁したときは、矢印をその塁まで引っ張って表わす。
盗塁で進塁した場合は、進塁した塁に盗塁の記号「S」を記入しよう。また次打者のカウントに「₉」などの印をつけておくと後で分かりやすい。

どんなプレーで進塁したかを記録する。

進塁したときの記入例

デッドボールで出塁したバッターが、次の2番バッターのヒットで二塁に進塁。

フォアボールで出塁したバッターが、次の3番バッターのヒットで三塁まで進んだ。

盗塁したときの記入例

ショートの内野ゴロエラーで出塁したバッターが、続くバッターの打席で盗塁成功。

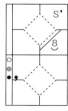
センター前ヒットで出塁したバッターが、次のバッターの3球目で盗塁に成功。

ボークや暴投で進塁した場合

ボークや暴投、また捕逸など、盗塁以外のバッターと関係ないプレーで進塁した場合も、進塁した欄にその理由となる記号を記入する。

その他の理由で進塁したときの記入例

フォアボールで出塁後、ボークで進塁。　ー　デッドボールで出塁後、ピッチャーの暴投で進塁。　ー　センター前ヒットで出塁後、キャッチャーの後逸で進塁。　ー　フォアボールで出塁後、ピッチャーのけん制悪送球で進塁。

アウトになった場合

アウトになった場合の記入例

フォースアウトのときは、打球を処理したポジションと、送球を受けてアウトにしたポジションをそれぞれ記入。またタッチアウトのときは、タッチした選手のポジションの横に「TO」を、ベースを踏んでアウトにしたときは、踏んだベースの記号を記入しよう。そのあと、真ん中の欄に何アウト目だったかをそれぞれ書き入れる。

フォースアウト

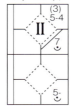

レフト前ヒットで出塁したランナーが、次の3番打者のサードゴロを二塁に送球されて二死。このように何番バッターの時か番号を入れておくと、あとで分かりやすい。

タッチアウト

フォアボールで出塁したランナーが盗塁を試みたが、キャッチャーの送球で、セカンドにタッチされて一死。

ベースを踏む

ファーストがゴロを捕球して、そのまま自分で一塁を踏んで二死。

盗塁失敗の記入例

盗塁を失敗してアウトになった場合は、フォースアウトと同じように送球したポジションと送球を受けたポジションを記入して、その上に盗塁を表すSを書いておくと分かりやすい。アウトになったときの次打者のボールカウントに「๑」などをつけておいてもいいだろう。

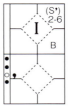

フォアボールで出塁したランナーが、次打者の3球目で盗塁を試みて失敗。キャッチャーの送球にショートがカバーに入って一死。

ルール 07 その他いろいろなケース

同じ回に複数の盗塁を成功させたときの記入例

1番バッターが左中間前のヒットで出塁。2番打者の2球目で盗塁。2番バッターはセンター前ヒット、1番バッターは三塁に進塁。3番バッターの4球目に、2番打者が盗塁し二塁に進塁。ランナー二、三塁。

捕逸と暴投で進塁した場合

1番バッターがライト前ヒットで出塁。2番バッターの3球目をキャッチャーが捕逸。1番バッターはその間に二塁に進塁した。2番バッターはその後四球で進塁。3番バッターへの2球目が暴投となり、一・二塁ランナーがそれぞれ進塁して、ランナー二・三塁になった。

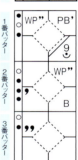

ダブルプレーの記入例 ①

1番バッターはライト前ヒット。2番バッターはセカンドゴロ。ベースカバーに入ったショートが一塁に送球し、1番バッターはアウト。続いてショートが一塁に送球し、2番バッターもアウトでダブルプレー。同時にアウトになった2人をつないでDPと記入する。

ダブルプレーの記入例 ②

1番バッターが四球で出塁するも2番バッターがショートゴロ。その間1番バッターは二塁に進み、2番バッターは、一塁に送球され一死。3番バッターのレフトフライで、二塁にいた1番バッターがタッチアップしたが、三塁に送球されてアウト。ダブルプレーとなってチェンジ。

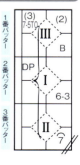

トリプルプレーの記入例

1番バッターライト前ヒットで出塁した後、2番バッターは四球で出塁。無死で一・二塁。3番バッターが打ったサードゴロをサードが捕球、飛び出した2番ランナーにタッチしてアウト（一死目）。サードがすぐさまセカンドに送球して、一塁ランナーもアウト（二死目）。セカンドが一塁に送球して、バッターランナーもアウトでトリプルプレー成立。

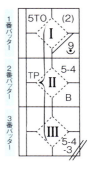

挟殺プレーの場合

ランナーを塁間で挟み撃ちにすることを挟殺プレーという。挟殺プレーはランナーをアウトにするまでに、ボールのやり取りをしたポジションをハイフンでつなぐ。

挟殺プレーでアウト

デッドボールで出塁したが、ピッチャーのけん制球に戻りきれず、ボールはピッチャー、ファースト、ショートに送球され、最後はセカンドがタッチしてアウト。

挟殺プレーでセーフ

右翼線ゴロで出塁した一塁ランナーが挟まれたが、キャッチャー、ファースト、セカンド、ファーストとボールが送球されて、最後にショートがエラーをして進塁。

打者が一巡した場合の記入例

打者が一回のうちに一巡して、一列では書ききれなくなったら、次の回の列を使う。後で回を訂正して右に一回ずつずらしておこう。

花水 対 池田	球審	佐々木	線審		放送者	
	塁審	①原 ②谷口 ③森	監督	橋本	記録者	小栗

1回 1番山田が、フォアボールで一塁に進塁。2番高橋が、セカンドライナーで一死になるも、3番斉藤の犠打で、一塁ランナーは二塁に進塁、二死。4番近藤は三振に倒れて、二塁ランナー残塁でチェンジ。

2回 5番井上が、デッドボールで一塁進塁。6番渡辺に代わり鈴木。左中間を抜く二塁打で、一塁ランナーがホームインして1得点。続く7番川西も右中間二塁打を放ち、二塁ランナー鈴木がホームイン。2得点目。二塁ランナー川西に代わり代走中川。8番山岸、9番稲垣はそれぞれ三振、キャッチャーフライに倒れ二死。1番山田はデッドボールで一塁進塁するも、2番高橋がサードライナーを捕球されて3アウトチェンジ。

3回 3番斉藤が、ライトオーバーのホームラン。3得点目。4番近藤はフォアボールで出塁後、次打者の3球目に盗塁成功。5番井上は、ショートフライでアウト。一死。6番鈴木の3球目に、二塁ランナー近藤が盗塁を試みるが、キャッチャーから三塁に送球、タッチされて二死。6番鈴木はセカンドのエラーで出塁するも、7番中川が三振に倒れて残塁。チェンジ。

4回 8番山岸は、キャッチャーの打撃妨害で進塁後、9番稲垣に対する投球にボークが宣告されて、二塁進塁。9番稲垣はセンターの頭上を越えるヒットを打ち、自身は二塁へ進塁。二塁ランナー山岸はホームイン。4得点目。1番山田は三振に倒れ、一死。2番高橋が、サードゴロを打ち、飛び出した二塁ランナーが、二、三塁間で挟まれて、サード、セカンド、ショートに送球されアウト。二死でランナー一塁。3番斉藤は三振に倒れて、チェンジ。

混同しやすいケース①

得点と打点

野球の得点は一回ホームインすると、一点が記録される。またこのとき、ホームインした選手には「得点」という記録がつく。打点はバッターの打席の結果、得点が入るとそのバッターに打点が記録される。犠牲フライなどでバッター自身はアウトになっても、四死球による押し出しでも、打点は記録される。

一回ホームインすると、1点が加算される。

打席と打数

打席はバッターがバッターボックスに立った回数のことで、打数はそのうち、四死球、犠牲バント、犠牲フライ、妨害による出塁をのぞいたもの。なおエラーによる出塁は打数に含まれる。そのためたとえば一試合のうちに打席が5回あり、すべて敬遠策を取られた場合は、5打席0打数ということになる。

バッターがバッターボックスにたった回数が打席。

四球と死球

　フォアボールやデッドボールが宣告されると、バッターは一塁に進塁できるが、この2つには大きな違いがある。フォアボールはインプレーの状態なので、もし4つ目のボールを捕逸すると、二塁・三塁へとさらに進塁できる。デッドボールの場合はボールデッドになり、ボールが逸れたとしても、バッターは1つしか進塁できない。

デッドボールは、ボールデッドの状態で一塁に進塁。

暴投と捕逸

　暴投はワイルドピッチともいい、ピッチャーの投球が乱れてキャッチャーが捕球できなかった場合に記録される。捕逸はパスボールともいい、キャッチできなかった理由がキャッチャーにあると判断されると記録される。暴投と捕逸は、いつでも記録されるわけではなく、その結果ランナーが進塁した場合にだけ記録される。

キャッチャーの責任で、ボールを捕球できなかったのが捕逸。

失点と自責点の違い

投手は相手チームの得点で失点が記録されるが、その中でも自分で責任を負わなければならない失点が自責点。おもに安打、犠牲フライ、送りバント、刺殺、四死球（敬遠四球含む）、暴投、ボーク、野手選択、盗塁による走者が得点したとき自責点は記録される。

野手のエラーで出たランナーが、ヒットで帰塁しても自責点にならない。

野手選択

野手選択つまりフィルダースチョイスは、ランナーがいるときに、フェア地域に転がったボールを、内野手が一塁に送ってアウトにせずに、塁上にいたランナーをフォースアウト（タッチアウト）する目的で送球して、その結果どちらもアウトにできずに、セーフになってしまったプレーのこと。このときバッターには、安打の記録はつかない。

野手選択では、進塁してもバッターに安打の記録がつかない。

刺殺と補殺

　たとえばサードゴロを一塁に送球して、バッターがアウトになった場合、直接的にアウトに関わったファーストには刺殺、サードにはそのアウトを間接的にアシストしたとして、補殺が記録される。このようにアウトに関わる記録には、刺殺と補殺の2つがある。なおフライやライナーをキャッチしてアウトにするのは刺殺。

アウトに関わる記録には刺殺と補殺がある。

完投・完封・ノーヒットノーラン・完全試合

　完投は先発した投手が終了まで投げきった試合。完封は無失点試合ともいわれ、完投かつ無失点で勝利すること。ノーヒットノーランは無安打無得点試合ともいわれ、一本の安打も許さずに完封することで、完全試合は、開始から終了まで投げきり、安打あるいは四死球やエラーなども含め、一度もランナーも出さずに、勝利するパーフェクトゲーム。

ノーヒットノーランや完全試合など、ピッチャーの記録にはさまざまある。

ルール11 記録の計算方法

バッターに関する記録

打率＝安打数÷打数
出塁率＝（安打数＋四死球）÷（打数＋四死球＋犠飛）
長打率＝塁打数÷打数（塁打数はヒットは「1」、二塁打は「2」、三塁打は「3」、ホームランは「4」）

打率はどれぐらいの割合で安打が出たかを表す記録。

ピッチャーに関する記録

防御率＝（自責点×7）÷投球回数
奪三振率＝（奪三振数×7）÷投球回数
（注）「7」は7イニング制の場合。9イニング制なら「9」を、5イニング制なら「5」で計算する。

防御率は低いほど、奪三振率は高いほど優秀な記録。

守備に関する記録

守備率(刺殺+補殺)÷(刺殺+補殺+エラー数)
盗塁阻止率=盗殺÷(盗殺+許した盗塁)

高い守備率をキープできれば、勝つチャンスも高くなる。

チームに関する記録

勝率=勝ち数合計÷試合数合計

勝率を上げるのに何よりも大事なのはチームプレー。

監修者 NPO法人 Umpire Development Corporation

内川 仁

濱野太郎

野球審判員育成のための講習会や勉強会の主催を主たる目的とし、各種試合への審判員派遣を行う組織として平成15年に設立。米国のMLB公認審判学校Jim Evans Academy of Professional Umpiringと提携し、校長のジム・エバンスによる審判講習も行う。審判技法や審判活動に必要な情報の提供を通して、野球審判の地位向上を目指している。
URL: www.umpire-dc.org/

モデル 花水少年野球部

神奈川県平塚市にある、創部して20年以上の少年野球チーム。周辺地域の各地区にそれぞれあったチームが1つにまとまり、現在の野球部が成立。過去に県大会や平塚市大会、その他の大会でも優勝経験があり、好成績を収めている。チームは、明るく・楽しく・元気よくをモットーとし、野球の技術だけでなく挨拶や礼儀、そして他人に思いやりのある心で接するという人としての成長を大切にしている。

STAFF

編集
株式会社ギグ

執筆協力
真島 隆
海川俊世
高松健一郎

取材協力
大塚菜穂子

撮影
上重泰秀

デザイン
Design Office TERRA

DTP
居山 勝

すぐわかる 少年野球ルール
審判・スコアの付け方

監修者	NPO法人 Umpire Development Corporation
発行者	池田 豊
印刷所	株式会社光邦
製本所	株式会社光邦
発行所	株式会社池田書店

〒162-0851 東京都新宿区弁天町43番地
電話03-3267-6821(代)／振替00120-9-60072
落丁・乱丁はおとりかえいたします。

©K.K.Ikeda Shoten 2016, Printed in Japan
ISBN978-4-262-16637-7

本書のコピー、スキャン、デジタル化等の無断複製は著作権法上での例外を除き禁じられています。本書を代行業者等の第三者に依頼してスキャンやデジタル化することは、たとえ個人や家庭内での利用でも著作権法違反です。